普天之下・盡是好書

普天出版家族
Popular Press Family

凌雲 A-Plus Creative Company 文創

和別人打交道，一定要掌握說話辦事的訣竅

說話辦事恰到好處

法國哲學家拉布呂耶爾說：

有時候，談話的妙處並不在於表達自己的想法，而是在引發別人的想法，讓他主動接受自己的觀點。

深諳說話的藝術，人與人之間就可以在融洽愉悅的氣氛中，交流彼此的想法和看法。
有時候，你和對方並沒有交集，但是，透過巧妙的說話技巧，卻可以讓彼此敞開胸懷，順利達成自己的目的。

想提昇自己的競爭力，和別人打交道，一定要掌握說話辦事的訣竅。

金澤南 編著

【出版序】

和別人打交道，要掌握說話辦事技巧

懂得如何說話辦事是絕大多數成功人士的兩大資本，想打開人生的僵局，想開創前程遠景，你就必須成為一名說話的高手，辦事的專家。

法國哲學家拉布呂耶爾說：「有時候，談話的妙處並不在於表達自己的想法，而是在引發別人的想法，讓他主動接受自己的觀點。」

深諳說話的藝術，人與人之間就可以在融洽愉悅的氣氛中，交流彼此的想法和看法。有時候，你和對方並沒有交集，但是，透過巧妙的說話技巧，卻可以讓彼此敞開胸懷，順利達成自己的目的。

想提昇自己的競爭力，和別人打交道，一定要掌握說話辦事的訣竅。

說話是一門技巧性很強的應對藝術，直接影響一個人辦事的成功率。也許，你對這種說法不屑一顧，甚至認爲有些可笑。事實上，你會這麼認爲，是因爲你尚未眞正悟透說話的奧妙。

美國加利福尼亞大學羅伯爾克在《說話的九大力量》一書中說：「說話看起來輕而易舉，就是要把自己要說的意思表達給對方即可。這是絕大多數人的觀點，當然也是一種淺薄的觀點。我只想問這些人一個問題，為什麼有人在應聘的時候，能夠巧妙展現自己說話的藝術，一下子就勾住老闆的心？為什麼有人應答起來張口結舌，像松鼠一樣顫抖，給老闆留下能力極弱的感覺？很顯然，說話起了關鍵性的作用。」

通用公司前總裁傑克·威爾許有一句名言：「員工的說話能力，是素質高低的試金石。」

威爾許歷練豐富、閱人無數，會這麼說，自然有一番道理。因爲，他知道最高明的說話高手深諳把自己心中的話變爲成功的因子。

說話是聰明人的成功學問。例如，戰國時期「名嘴」張儀和蘇秦就是靠高妙的說話藝術打出了「合縱連橫」的戰術，諸葛亮「舌戰群儒」更是說話的千古一絕的精彩案例。

再如第二次世界大戰時「鐵腕英雄」丘吉爾面臨德軍的強力擠壓，盪氣迴腸的演講激發了英國人民的豪情鬥志，彷彿倫敦整個上空迴盪著「永不放棄，永不放棄，永不放棄……」的戰鬥鼓聲。

試想一下，如果欠缺絕妙的說話藝術，他們豈能成就大事？

本書的特點是：

• 把自己變成一個善於說話的聰明人，用最巧妙的語言，把話說到對方的心裡，為自己順利鑿開一條成功通道。
• 學會臨機應變，把不好說出口的話，透過迂迴戰術，滲透對方的心裡。
• 學會讚美和傾聽，滿足對方的說話慾望，然後再抓住時機，設計地佈置出幾條可行的套路。

總之，會說話辦事的人知道什麼時候該說什麼，不該說什麼，知道在什麼時候該做什麼，不該做什麼。這些看似尋常，實則蘊含著大智慧、大學問。想要在現實社會中成功，不能光靠埋頭苦幹，還要靠說話的技巧、辦事的能力。

爲什麼對很多人來說，說話和辦事成爲頭等的難題，一張口就會不知所云，一動手就會亂陣腳，導致人際關係不佳？

關鍵就在於，他們沒有把說話與辦事當成一門學問認眞對待，不多加學習，自然難以心想事成。

懂得如何說話辦事是絕大多數成功人士的兩大資本，也是他們成功的跳板。想打開人生的僵局，想開創前程遠景，你就必須成爲一名說話的高手，辦事的專家，讓自己成爲受人歡迎的人！

01. 言語溫和勝過尖銳指責

人際相處，不可避免會有一些不愉快的事情發生，面對這種情況，要少些批評、多些理解，讓自己的溝通能力更上一層樓。

02. 善用誇獎，自能如願以償

拍馬屁不但不會讓對方開心，
有時候還會取得適得其反的效果，
讓人覺得噁心、虛偽。
唯有真心誠意稱讚他人，
才會為你帶來好處。

03. 適當的讚美助你事半功倍

當對方犯了錯誤，不要毫不留情的給予指責，最好的溝通方式是透過讚美先緩和關係，然後再給予適當責備。

04. 笑一笑，溝通少煩惱

社交活動中，微笑是一項極有效的技巧，
更是禮貌的體現，
可以表現出一個人的涵養和水準。

05. 保持冷靜是解決糾紛的最好途徑

身為下屬，必須謹記一件事情：無論如何，都要讓自己保持冷靜，同時做好自己該做的事。

06.

溝通要成功，少不了尊重包容

不善於理解人的處世之道，
正是導致溝通失敗，
無法贏得他人好感的一項重要因素。

07. 如何與難纏的上司相處

跟你每天相處八小時的上司，
與你的性格有衝突嗎？
無論如何，
你必須在表現自己之餘與他相處融洽。

08. 讓上司扮演鞭策的力量

人需要外在的刺激，才會產生向前的動力，
如果沒有來自上司的壓力，
你也就不會有更上一層樓的慾望。

09. 笑臉迎人，勝算更多好幾分

溝通中如果少了微笑，
言語將顯得黯然無味，
倘若少了和氣，交流也無法進行下去。

10. 保持良好風範，受人喜歡就不難

若希望自己的談話如同音樂一般動聽，不可忘記在速度應快時要快，音量應高時要高。毫無抑揚頓挫與節奏變化的談話，最易使聽者疲倦。

11. 掌握洽談要訣，才能避免失敗

在電話洽談中，應儘量避免不愉快的話題，也不可故弄玄虛地賣弄知識或是高談闊論，這些行為只會引起對方反感。

01

言語溫和勝過尖銳指責

人際相處，不可避免會有一些不愉快的事情發生，面對這種情況，要少些批評、多些理解，讓自己的溝通能力更上一層樓。

過度指責，溝通更受挫折

過往的成功溝通經驗告訴我們：學會寬容和尊重，才能更和睦地與人相處，與人共享生活的點滴樂趣。

有的人只相信自己，不相信別人，讓人避而遠之；有的人總喜歡嚴厲地責備他人，使對方產生怨恨，不知不覺讓溝通難以進行，事情也辦得一團糟。

這兩種待人處世的方式都不理想，因爲只有不夠聰明、不懂溝通的人，才動輒批評、指責和抱怨別人。

不妨檢討一下自己，是不是也有喜歡責備別人的毛病？

若身爲公司主管，分配下去的某件工作沒有做好，我們很可能不是積極地去尋找原因，研究對策，而是指責下屬：「你怎麼搞的？怎麼這麼笨？」

這種時候，下屬會有什麼反應？

他可能什麼也不說，但在內心會覺得你不近人情，從而導致怨恨產生。不快情緒日積月累，必會大大阻礙彼此的正向溝通互動。

有一則笑話是這樣說的：

這天，丈夫回到家，發現屋裡亂七八糟，到處是亂扔的玩具和衣服，廚房裡堆滿碗碟，桌上都是灰塵。他覺得很奇怪，就問妻子：「發生什麼事了？」妻子沒好氣地回答：「平日你一回到家，就皺著眉頭對我說：『這一整天妳都幹什麼了？』所以今天我就什麼都沒做。」

好指責就如同愛發誓，實在不是一種好習慣，會在傷害別人同時傷害自己，讓彼此都不好過。

接下來，讓我們看一些實際的例證。

一八六三年七月，蓋茨堡戰役展開。眼見敵方陷入了絕境，林肯下令要米地將軍立刻出擊。但米地將軍遲疑不決，用盡各種藉口拒絕，結果讓敵軍順利逃跑了。林肯聞訊勃然大怒，立刻寫了一封信給米地將軍，以非常強烈的措辭表達了自己的極端不滿。但出乎他人想像的是，這封信並沒有寄出去，林肯死後，人們在一堆文件中發現了這封信。

林肯為什麼不將信寄出？這是相當值得深思的問題。

也許林肯設身處地設想了米地將軍抗命的原因，也許他預想了米地將軍見到信後可能產生的反應，可能會憤怒地為自己辯解，也可能會在氣憤之下乾脆離開軍隊；無論哪一種，都對大局無益。木已成舟，把信寄出，除了使自己一時痛快以外，還有什麼好處呢？答案是顯而易見的。

不要指責他人，並不代表放棄必要的批評，而是要要抱著尊重他人的態度，以對方能夠接受的方式表達意見。

曾有一家工廠的老闆，一天巡視廠區，正巧看到幾個工人躲在庫房吸煙。庫房是全面禁煙的，但這位老闆沒有馬上怒氣衝衝地責備工人說：「你們難道不識字，沒有看見禁止吸煙的牌子嗎？」而是稍冷靜了一下，接著掏出自己的煙盒，拿出煙給工人們說：「試試這個牌子的煙吧！如果你們能到屋子外去抽，我會非常感謝的。」

工人們一聽全都感到相當不好意思，紛紛掐滅了手中的煙。

我們喜歡責備他人，常常是爲了表現自己的高明，有時也帶有推卸責任的目的。這都是不對的，古人講「但責己，不責人」，就是要我們謙虛一些，嚴格要求自己一些，這只有好處，絕無壞處。

在想要責備別人的不是之前，請閉上嘴，對自己說：「看，壞毛病又來了！」這麼一個小動作，將可以幫助你逐漸改掉喜歡責備人的壞習慣。

尖銳的批評和攻擊，所得的效果必定是零，因爲你想指責或糾正的對象會爲自己辯解，甚至反過來攻擊你。

過往的成功溝通經驗告訴我們：學會寬容和尊重，才能更和睦地與人相處，與人共享生活的點滴樂趣。

言語溫和勝過尖銳指責

人際相處，不可避免會有一些不愉快的事情發生，面對這種情況，要少些批評、多些理解，讓自己的溝通能力更上一層樓。

每個人都有失誤的時候，因此不可過度苛求。

批評他人，應講究說話的技巧，不能用譏諷、挖苦的態度應對，傷害對方的自尊心。以平和、溫和的態度去面對你的批評對象，剔除感情成分，將表情、態度、聲調加入到客觀的批評話語中，會產生較積極的效果。

對方有了缺點或犯下錯誤，如果一味橫加批評、講刺傷別人的話，或苛刻數落，例如：「你辦得怎麼這麼糟？」「做事爲什麼這樣不細心？你這樣對得起我嗎？」等等，絕對不妥當。

絕大多數情況下，當一個人做錯事，內心會展開反省，覺得抱歉、恐慌、不知所措，此時如果再加以嚴厲批評指責，他極可能會因此感到羞愧難過，甚至從此一蹶不振，無法再樹立自信。

因此，不妨換一種語氣，以取得較好的效果。你可以這麼說：「以後做事，自己可要多加注意了。」或者：「我想，下次你一定不會再犯類似的錯誤。」

如此一來，對方不僅會感激你對他的信任，同時會感受到你付出的眞誠，更重要的是有了改正錯誤的信心。懷著正向心態，在今後的工作、生活中，必能更加小心謹愼，不再犯同樣的錯誤，並且提醒自己留心以前不曾注意到的缺點、毛病，適時修正。

美國空軍有一位著名的飛行員，經常參加飛行表演。有一次，他在聖地牙哥舉行表演後，返回洛杉磯駐地途中，飛機引擎突然熄火。雖然他憑著熟練的技術成功迫降，保住了性命，但飛機本身因此遭到嚴重損壞。檢查結果，發現是燃料添加上出了問題。

回到機場後，他立刻找上了為座機服務的機械師。對方是個年輕人，正為因疏忽犯下的過失感到苦惱，深深自責，因為自己不僅毀了一架造價非常昂貴的戰機，更差點使機上三人送了命。

但是，出乎意料的事情發生了——飛行員沒有怒氣衝衝地批評、指責這位機械師的失誤，而是上前摟著他的肩膀說：「為了表明我堅信你不會再這樣做，希望你以後繼續為我提供優質服務，如何？」

後來，這位機械師不但沒有再犯錯誤，而且表現得更加出色。

試想，如果當時飛行員劈頭蓋臉就給這位機械師一頓諷刺打擊，或是嚴厲的批評，不僅會大大地傷害對方的自尊心，還會使他變得更沮喪、自卑、畏首畏尾，甚至放棄本來可以做得很好的工作，也放棄了整個人生。

人際相處，不可避免會有一些不愉快的事情發生，面對這種情況，要慎用辭令，少些批評、多些理解，如此才能讓自己的溝通能力更上一層樓，更受人歡迎。

學會利益均沾，做成大買賣

真正的成功者不僅僅靠財力取勝，更要透過高明的溝通交際手腕，運用語言的藝術，轉變對方的立場，從而獲得豐厚利潤。

成功的交涉需要有效溝通爲基礎，若沒有好的溝通爲交際做準備，再遠大的目標也只是空談。

鋼鐵大王安德魯．卡內基之所以取得成功，就是因爲他不僅領略到這一點，更將此引申到爲人處事上，於商場發揮得淋漓盡致。

身處瞬息萬變的商場，該如何做好交際呢？不妨參考以下三點：

•良好的心理素質

商場交際過程中，難免會碰上一些令人感到尷尬、氣憤、興奮的事情，這時保持良好的心理素質就顯得極爲重要，因爲這可以直接體現出你的涵養、氣魄、度量，拉高印象分數，促成即將進行的交易。

• 不要擺架子

不管權勢有多大、地位有多高，人與人都是平等的。擺出高高在上的樣子，無非爲自己的交際溝通設下無謂障礙。

• 投之以桃，報之以李

只知道一味地獲取，也是在商場交際中的一大禁忌。切記，一定要先權衡雙方的利益關係，才能讓交際溝通發揮最好效果。要更進一步明白這個道理，讓我們再以鋼鐵大王安德魯·卡內基的成功經驗爲例。

在美國鋼鐵業界，安德魯·卡內基爲什麼能有如此輝煌的成就？答案可能相當出人意料，並不是他對鋼鐵的製造過程懂得多，事實上，他手下的好幾百人，對鋼鐵都堪稱爲行家。他的過人之處，在於知道如何運用交際溝通、運用人才，鞏固人際關係，達成目標，這才是賴以獲致成功的最主要原因。

有一回，卡內基想要把鐵軌賣給賓夕法尼亞鐵路公司，便暗中進行情報蒐集，知道該公司當時的董事長是艾格·湯姆森後，便馬上做出決定：在匹茲堡建立一座巨大的鋼鐵廠，取名爲「艾格·湯姆森鋼鐵廠」。

試想，當賓夕法尼亞鐵路公司需要鐵軌的時候，董事長艾格·湯姆森會向誰購買？毫無疑問，當然選擇卡內基的公司。

關於卡內基的溝通智慧，還有另一則事例。

當時，他所控制的中央交通公司和普爾曼控制的另一家公司，為取得太平洋聯合鐵路公司的生意而明爭暗鬥。為了拿下工程合約，雙方大打價格戰，幾乎已到了毫無利潤可言的地步。

一天晚上，卡內基和普爾曼同時前往太平洋聯合鐵路公司，準備和董事會開會。兩人碰面後，卡內基說：「晚安，普爾曼先生。您說，我們難道不是在出自己的洋相嗎？」

普爾曼感到相當疑惑，問道：「這句話怎麼講？」

於是，卡內基開始陳述起雙方惡性競爭的壞處，接著說出自己想要合併兩家公司的計劃，並把合作、互不競爭能夠得到的利益說得鉅細靡遺。

普爾曼聽得十分專注，沒有馬上表態，最後他問：「若是合併了，這個新公司叫什麼名字？」

卡內基立即回答：「當然叫普爾曼公司。」

普爾曼頓時對他的計劃產生了興趣，臉色一亮，說道：「這相當有意思，讓我們來進一步討論吧！」

因爲有出色的說話辦事技巧搭起橋樑，這項計劃獲得了極大的成功，在工業史上留下了輝煌的一頁。由此，可以看出卡內基與人交際的高超之處，可以在關鍵時刻主動與人溝通，將劣勢轉變爲優勢。

商業往來中，眞正的成功者，不僅僅靠財力取勝，更要透過高明的溝通交際手腕，運用語言的藝術，轉變對方的立場，從而獲得豐厚利潤。

攻「心」才能收得真正效益

適時加以讚美，可在行銷、溝通過程中助你一臂之力。語言要把握得恰到好處，力求生動活潑、貼切實際。

商場如戰場，如何在品牌衆多的商場上，把你的產品成功地推銷出去，說服顧客，使他們心悅誠服地購買呢？

語言溝通絕對是最重要的。在商場上，只有夠漂亮、能夠打動顧客心靈的語言，才是金玉良言。

使顧客由「不買」變爲「想買」，可參考以下幾種方法：

- **巧設疑問**

若顧客看了你的商品，轉身就走，便說明了他根本沒有購買意圖。這個時候，你再繼續講述該商品有多好多優秀都無異於徒勞，因爲對方根本聽不進去。

但是，你若能巧妙地換一種辦法，使顧客抱著好奇心態停下來，傾聽你的講解，就有可能改變顧客的意圖，化「不買」爲「買」，抓住寶貴商機。

如何激發好奇心呢？

很簡單，就是在適當的時候把疑問留給顧客。

•投其所好

顧客拒絕你所推銷的商品時，可能會說出不買的原因。

你可以抓住這個機會與他溝通，根據回答找出不滿意的原因，以及顧客眞正的需要，投其所好，對症下藥。

但是，投顧客所好也要掌握分寸，一定要一針見血，一句話就說到對方心裡去，激發他的興趣。

顧客若有自卑心理，可以透過讚美消除，給他信心；顧客若是悶悶不樂、憂心忡忡，可以運用語言藝術說出更漂亮、幽默的話，改變當時的談話氣氛；顧客若不明事理、無理取鬧，不妨順水推舟，製造反差，使他意識到自身的錯誤，從而心悅誠服地接受你的意見。

想要順利與顧客展開溝通，必須先掌握顧客的心理，清楚他們在什麼樣的情況下需要什麼、想什麼，從而做成交易。

●真誠相待

有些時候，顧客只是抱著隨意逛逛的心態，走進你的商店挑了半天，弄得亂七八糟，最後一件也不買。

這時候，身爲老闆的你可能會相當生氣，該如何應對才好？

當著顧客的面說出自己的不滿，結果當然不言而喻。假若換一種心境面對，效果可能就大相徑庭了。

你應當將不滿的心情隱藏起來，耐心等待顧客挑選，並且笑臉相對。如此情況下，他極有可能會因爲你的熱情誠懇而感動，心甘情願地買走某一樣商品。

某回，一個旅遊團走進了一家糖果店，參觀一番後，正打算離開時，服務員端上一盤精美的糖果到他們面前，柔聲地說：「各位好，這是我們剛進的新品，清香可口，甜而不膩，免費請大家品嚐，請不要客氣。」

盛情難卻，遊客們恭敬不如從命，但既然免費嚐了人家的糖果，不買點什麼實在過意不去，於是每人多多少少都買了幾包，在服務員歡喜的「歡迎再來」的送別聲中離去。

是什麼轉變了遊客的態度，從「不買」變成「買」呢？

自然是服務員耐心真誠的態度。

●合理讚美

做生意時，不免要面對「大權在握」的客戶，這時不妨給予合理讚美，讓對方感到得意，同時做出一些讓人痛快的決定，以更彰顯他的「權力」。

在一次偶然的機會下，李華結識了一位女士，對李華經手出售的豪宅很感興趣，但對價錢卻沒有表態，留下一張名片便離開了。

李華看過名片，不由一怔，原來她是一家知名公司的副總經理。那位「女士」看起來貌不驚人，卻頂著「副總經理」的頭銜，李華認為，以她的經濟實力，絕對可以買下自己經手的這棟豪宅。

次日，李華打電話去向那位女士「行銷」，但對方只說了句：「太貴了，如果能便宜一點再說。」

事實上這是好事情，表示她對房子本身相當滿意，只是在價格上還有些問題。於是，李華要求直接與對方面談。

一走進那位女士的辦公室，李華便被眼前豪華氣派的佈置驚呆了。中間一張大辦公桌，右邊一套高級沙發，左邊還有一張大型會議桌，七、八位職員正在進行「小組討論」。

李華想也沒想，脫口而出：「您手下有這麼多人啊！」

那位女士笑著說道：「是呀！這些都是我的中階主管。」

「哇！他們都是主管，下面豈不是還有更多人？」

見對方點了點頭，李華禁不住讚佩道：「我見過很多男主管，但女主管有這麼大排場的，還是第一次看到。您的權力想必很大吧！如果不是自身夠能幹、有才華，絕對不可能辦到的。」

聽見如此恭維，那位女士自豪地說：「這只是一小部分。」

李華故作吃驚：「太驚人了，那您做事一定很痛快、乾脆，很有大將風範。」

聽完李華的讚美，那位女士心花怒放，笑得合不攏嘴，連連點頭說：「這棟房子我要了，不用等我丈夫來看，我決定就可以。就這樣說定吧！我們明天就簽約。」

就這樣，李華做成了一筆大生意。

適時加以讚美，可在行銷、溝通過程中助你一臂之力。但切記一點：讚美是一門藝術，語言要把握得恰到好處，力求生動活潑、貼切實際。若是漫無邊際、不假思索，讓聽者明顯感覺你在拍馬屁，只會收到反效果。

懂得理解尊重，才是真正溝通

真正的友誼絕非矯揉造作的衍生物，而是發自兩顆真誠之心的相互溝通、相互交融。

朋友之間要保持良好長久的友誼，少不了相互的理解和尊重，能站在對方的立場上考慮問題，設身處地爲著想，才能培養出默契，積累深厚的感情。

如果雙方都以自我爲中心，只知道爲自身著想，希望對方多爲自己付出，那麼這種朋友關係必然不會長久維持，溝通也無法順暢進行。

談話時，爲了有效參與討論而同時避免造成不快，首先，你要認眞地聆聽朋友們的想法和觀點，以此爲基礎，清楚地表達自己的觀點。此外，提問要適時酌情，

以便更妥切地瞭解對方。

朋友間以這種方式進行溝通，才能夠形成彼此尊重的氛圍，溝通也會變得輕鬆而且有意義。

與朋友溝通，切忌使用含糊不清的言辭，因爲可能讓對方在不知所云的狀況下產生誤解，無法準確理解你的眞實想法。要求自己做到言詞清晰，明確易懂地表達觀點，就能大大減少誤解。

另外，必須注意一種狀況：交談過程中，常常會產生上一些意想不到的小摩擦，從而使你與朋友的關係出現緊張。一旦出現這種情況，首先要告訴自己冷靜下來，找出眞正能解決問題的對策，做一個成熟的思考者。

適度降溫是必要的，應待雙方的情緒平息後，再心平氣和地進行溝通，請教對方爲什麼會得出與自己相異的觀點，進而從不同的角度分析問題、解決問題，化解歧見、凝聚共識，以維持彼此間的友誼。

即使是自己最親密的朋友，也一定要尊重對方，不要將個人愛好或習慣強加在對方身上。不但該嚴格要求自己，更要進一步體貼他人，明白朋友的爲人、性格和喜好，並在交往過程中尊重對方的個性與習慣，維護朋友的利益，對他做出的正確決定給予肯定。

如果朋友間彼此互不相讓，就不會出現有效的溝通。若只會說些諸如「你的做法很不對」、「爲什麼你連這也不懂」之類的刻薄話，必然導致彼此的關係慢慢疏遠，最後分道揚鑣。

互相尊重是展開良好溝通的前提，即便只是微不足道的小事，也不可以輕視，否則必將在無意中傷害朋友之間的感情。

能夠相互尊重，就能和諧愉快地相處，並長期保持友誼。

美國總統羅斯福有一回聽說朋友的心愛之物被小偷偷走了，便寫信安慰道：「親愛的朋友，聽說有一隻蒼蠅順手拿走了一些你心愛的物品，我深表同情。」

羅斯福的朋友很快便回信了，寫道：「幸好他只偷了一些與我生命無關的東西，

並沒有傷到我一根汗毛。同時值得慶幸的是，作賊的是他，而不是我。」

充分理解朋友的苦衷並以合適的話去安慰，任何時候都適用。眞情的釋放讓他感到你在任何時候都會給予支援，與他同患難，心中自然產生感激之情。

和諧且長久的友誼關係，需要雙方用心去維護。眞正的友誼絕非矯揉造作的衍生物，而是發自兩顆眞誠之心的相互溝通、相互交融。

有效溝通，與朋友正確互動

> 若是真正的朋友，彼此之間互相幫助非但不會損及友誼與顏面，更能讓雙方感到幸福與成就。

提及人際溝通，就要從與朋友的互動相處開始談起。

每個人都需要朋友，好朋友是個人一生的財富，能助人從幼稚走向成熟，從缺憾走向完美。

但是，好友難求，畢竟既能同甘又能共苦，才算得上是真正的朋友。

日常生活和工作中，我們需要朋友的幫助，廣交朋友，等同於積累人生財富。

那麼，我們應該透過哪些方式正確地與人建立關係、拓展自己的交友圈呢？

．找時間交朋友

現在，人們的生活節奏越來越快、步調越來越緊張，在忙於工作與家庭的情況下，想要多交朋友，極有可能面臨時間不足的困擾。不過，爲了得到珍貴的友誼，犧牲一點時間是絕對值得的。

．多與對方聯繫

不管彼此之間的關係多麼穩固，長時間缺乏聯繫，難免會冷淡下來。因此，別忘了有事沒事打個電話給朋友，主動付出善意同時加深感情，是保持友誼必不可少的方式。

．尊重朋友的個別差異

仔細觀察你的所有朋友，必定會發現每個人的性格、脾氣、喜好都各不相同，待人處事之道也不會完全一樣。人與人間必然有差異存在，因此對待朋友不必要求千篇一律，更不該把自己的想法強加於人。

．無須凡事斤斤計較

過分的苛求容易傷人，尤其朋友之間的相處，更應該要求自己做到寬容、大度。

如果凡事斤斤計較，必定很難交到長久的朋友。

• 與朋友互信互助

曾有位作家說：「如果你想結交到真心的好朋友，就請先放下架子，坦然接受對方的幫助。」

對待朋友，當然要肯於伸出援手，付出眞心。同理，當我們需要幫助的時候，也該以平和的心態接受朋友的援助。

切記一點：若是眞正的朋友，彼此之間互相幫助非但不會損及友誼與顏面，更能讓雙方感到幸福與成就。

朋友在我們生命中，佔有舉足輕重的重要位置。如果一個人沒有朋友，即便自身擁有再強大的能力與才華，也難免因勢單力薄感到孤寂、挫敗，很難得到眞正且長久的成功。

明白了這個道理之後，就讓我們從今日起，試著透過正確且有效的溝通方式多交朋友吧！

結交真正「值得」的朋友

識人既要看平時，也要注重關鍵時刻，畢竟不管處在什麼時候或什麼場合，都能顯示出一個人的本性、氣質、才能。

人都會希望自己擁有許多性格上的優點，諸如勇敢、沉靜、無私、超然等等，但事實上，一個人很難做到十全十美，多半只擁有一、兩項優點。這種時候，可以透過結交值得尊敬的朋友，督促自己於修養上繼續學習、進取。

人際互動是一門學問，我們在提升溝通技巧之前，首先應先要求自己具備正確的識人眼光。

和以下幾種人結交，應當以不同的態度應對：

・真誠正直的人

他們待人誠懇、忠厚老實且心地善良。對事情熱心負責，遇到困難不會一味推卸責任，作風正派、心胸寬廣、肯主動關心朋友、言出必行。

由於信譽良好、樂於助人，這種人不僅僅是很好的合作夥伴，而且還是非常好的朋友。

他們多半志趣高潔、修養甚高，做人處事有禮有節，做事講原則，生活充實且富有意義。對這類朋友要以誠相待，自身應注意修養，並保持謙虛態度，學習對方的優點。

可以說，能結交這類朋友，是三生有幸。

・圓滑世故的人

圓滑且世故的人往往目標遠大，野心極高，常常將身邊的人或物當作前進的跳板，既不太重視，又唯恐完全失去；既不願意太過熱絡，又不得不敷衍應付。這類人多半崇拜能力與金錢，不僅深知素質與才能的用處，更相信口才、社交手段的重要，同時還熟諳金錢的與權力的「魔力」。他們渴望得到能力、財富和權勢，同時又希望自己能從權力與金錢的控制下跳脫。

大部分人忽略的是，這類人雖然表現得有些滑頭，總說一套做一套，但他們實際上也渴望得到眞心的朋友。

與這類朋友相處，還是應當以眞心相待，不用太拘謹，否則可能產生反效果，讓他的「職業病」發作，懷疑你是否懷著什麼陰謀，爲彼此的關係蒙上陰影。遇上困難挫折時，不妨與他同謀，可有效加深友情。

當然，初交此類朋友，還是得留點戒心，以免吃虧上當。

●若即若離的人

有些人可能是先天性格使然，也可能是受到後天生活環境影響，性格較內向、少言寡語，看起來比較冷漠無情。

但正是由於長期沉默寡言，缺乏交流，他們於心中積累了相當深刻的感悟。可以這麼說，這類人內涵豐富，只是對世事與人際互動的渴求不如他人強烈，更嚮往清幽淡雅的純樸生活。

對於第一類人，若能時刻給予鼓勵與支持，他將大受激發、埋頭苦幹，奮鬥並有所作爲。但切記不可過於親熱，也不宜讓交往模式太入俗套，更不能唯唯諾諾、阿諛奉承，因爲這不利於建立穩固關係。

對於第二、第三類人，不妨與之多溝通，有機會就一起談天說地，講人生、論生活，在心靈上達成一致，靠世界觀、人生觀、價值觀的交流讓自己觸動對方的眞心，成爲知己。

和朋友相處，要善於識別。而識別一個人既要看平時，也要注重關鍵時刻，畢竟不管處在什麼時候或什麼場合，都能從某種層面上顯示出一個人的本性、氣質、才能。

眞正的朋友，是相濡以沫，是肝膽相照，是志同道合，是風雨同舟。廣交朋友絕對必要，抓住眞正值得的好朋友，就等於成功了一半。

02

善用誇獎，自能如願以償

拍馬屁不但不會讓對方開心，有時候還會取得適得其反的效果，讓人覺得噁心、虛偽。唯有真心誠意稱讚他人，才會為你帶來好處。

避免觸及隱私，維持同事情誼

在與同事交往的過程中，得注意不該問的就別問，更別深入探詢對方的隱私，否則可能引起對方反感，破壞同事間的情誼。

在職場上，有時會發現某些公事牽涉到自己的私人生活，很難做到公私分明。因此，雖然不想回答某些私人問題，但如果這問題涉及公事，就不可能一直迴避，仍得做出一個直接的答覆。

曾有一位經理獲得了一個外調到別個城市工作的升遷機會，但是，他妻子不願意搬家，因為她在目前居住的城市裡有一筆業務要繼續做下去。

所以這位經理面對老闆的詢問時，不知該如何回答，陷入猶豫不決之中。當他的上司問他：「你妻子同意你到外地工作嗎？」他只好回答：「我正在努力說服她，請您再給我一點時間。」

但是，當他一看到老闆臉上的表情時，就馬上明白，這既是一個與私人生活有關的問題，也是一件得認真商談的公事。

為了日後的升遷，於是他馬上補充道：「請您再給我一個晚上的時間，我保證明天給您一個確切的答覆。」

當天晚上，他和妻子認真地談論了這個問題，最後他們達成一致的意見，就是他接受公司這次外調的安排，他的妻子留下來繼續她的生意，他們做一段時間的分居夫妻，每個週末相聚一次。

因此，第二天一上班，這位經理很誠摯地告訴老闆：「我接受公司給予的這次機會。」

老闆聽了，滿意地點點頭。

在工作當中，如果某些問題牽涉到自己的家庭生活，就必須做出全盤考慮，不

可讓老闆覺得自己不顧公司利益，不服從公司的安排，但也不能讓工作嚴重影響到自己的家庭生活，甚至必須拿自己的家庭做犧牲。一旦發生這種情況，應該像上面那位經理一樣，盡力爭取更多時間和家人商量、解決問題，以做到公私兼顧，或者最小限度地減少個人損失和影響。

另外，在日常人際交往當中，有關年齡、婚姻等敏感話題是忌諱談論的，特別在西方文化中更是如此。

有時，身邊的同事或部屬可能出於好奇心，提出涉及私人隱私的問題。在這種情況下，領導者可以輕描淡寫、避重就輕地回答對方，這是最好的拒絕方式，不要表現出「你怎麼敢如此問」的態度，這只會破壞彼此間的情誼。

在辦公室中，最常見且與工作無關的問題就是「你幾歲」、「結婚了嗎」、「有男（女）朋友嗎」、「對方在做什麼」……諸如此類。

對於這些問題，如果不想談，可以委婉地表示自己不願回答，或是微笑著用一個看似可笑的回答予以反擊。

像是說：「對不起，我不想回答這個問題」、「喔，我相信我們都不喜歡談論私人問題」、「我感覺自己一直像個童年的孩子」、「今天，我覺得自己像個百歲的老人」……等等。

這樣既能給予答覆，同時對方也無法得到確切的答案。

不過，若是不用具體的數字回答時，對方可能會用一些間接的問題繼續發問，例如：「你是哪一年畢業的」、「你是幾歲結婚的」、「你的孩子是什麼時候出生的」。

面對這種糾纏不休的人，只需輕描淡寫又充滿幽默地回答：「本世紀」，對方知道自己碰到軟釘子，多半就不會繼續追問。

同理，與同事或上司、部屬交往的過程中，也得注意不該問的就別問，更別深入探詢對方的隱私，否則結果可能不但無法滿足自己的好奇心，還會引起對方反感，破壞了彼此間的情誼。

婉拒，也得多花點心力

在同事相處之中，應該在追求「正確」的同時，兼顧「合作」和「情誼」，採用多向思維的方式，考慮和處理同事的要求。

若辦公室裡的同事像個「乞丐」一樣，總是提出許多不合理的要求，讓人回應也不是、不回應也不是，使人左右爲難、煩不勝煩，此時聰明人就應該「挑肥揀瘦」地巧妙應對。

在與同事往來的過程中，屬於自己向對方提出的要求，都是主動、可以掌控的，屬於對方向自己提出的要求，都是被動、不可掌控的。若要協調好同事之間的關係，首先必須學會巧妙應付同事提出的要求。

有些缺乏社交經驗的人，往往習慣用單向思維考慮和處理同事提出的要求，因此，儘管有時候他們做出的決定是正確的，卻引起了同事的反感。

處理這類事情之時，他們忘記了一條基本原則，就是與同事相處，並不單純爲了追求「正確」，應該在追求「正確」的同時，兼顧「合作」和「情誼」。

譬如在日常工作中，常常可以聽到類似下述的對話：

甲：「明天您能派兩個人，幫我們部門核對一下帳目嗎？」

乙：「不行，我這邊也很忙，抽不出人手。眞不好意思。」

從這段對話可以看出，儘管乙做的決定是正確的，也很注意交談方式，十分「禮貌」地回絕了同事的請求，但是，卻仍很可能引起甲的不快和反感。

究其原因，顯然並不在於乙的交談方法是否得當，在於他純粹採用了單向思維的方式，簡單地在「行」和「不行」之間進行抉擇。

這樣做，勢必使自己在處理同事之間的關係時，迴旋的餘地很小，也很難做到既追求「正確」，又兼顧「合作」和「情誼」。

在這種時候，倘若改用多向思維的方式考慮和處理同事的要求，結果就會大不相同。例如，乙可以在下列幾種回答方式中，任選一種最佳方式，巧妙地回答甲。

- 折衷方式（部分滿足對方）：「好，我設法抽一個人給您，但另一個人請您向別的部門要求可以嗎？眞對不起，我們這邊的人手實在不足。」
- 緩解方式（逐步滿足對方）：「我可以抽調兩個人給您，不過，得過幾天。如果您急著用，我明天先給您一個人，過五天後再給您另一個人，這樣可以嗎？」
- 轉嫁方式（讓第三者滿足對方）：「我一定設法讓您得到兩個人。這樣吧，我去找別的部門商量看看，待會兒再給您答覆好嗎？」
- 推遲方式（暫時不正面答覆對方）：「請讓我考慮一下，但我會儘快答覆您好嗎？眞對不起。」
- 修正方式（以新方案「修正」對方的要求，實際上是巧妙地否定或拒絕了對方的要求）：「我有一個好主意，我們跟上司商量看看，將這份工作轉給另一個部門負責。這樣，您不就省事了嗎？」
- 變通方式（在數量上滿足對方，質量上遷就自己；或者形式上滿足對方，實質上還就自己）：「我可以支援您兩個人。不過，這兩個人不是從我的部門抽調，我去另一個部門借調，這樣好嗎？」

僅就這件小事，若運用多向思維考慮和處理問題，就會有上述多種可供選擇的理想方案。事實上，可供選擇的處理方案還遠不止這些。

按照同樣的道理，處理同事之間一切問題時，都可以分別採取「部分滿足」、「逐步滿足」、「轉嫁滿足」、「迴避答覆」、「巧妙否定」、「形式上滿足」、「看似滿足、實質拒絕」等多種方式，巧妙地應對。

如此一來，自己既不用花費太多心力，也不會傷害同事間的情誼，無疑是一舉兩得的最佳應對方法。

如何巧妙拒絕別人？

首先要先認同對方說的話，因此你可以這樣說來先平息他的怒火，對方就會不容易對你產生敵意，也能滿足他的自尊心。

世間的每個人都是獨立的個體，也擁有各自的思想和行爲模式，因此，面對不盡如己意的景況，希臘詩人荷馬曾經勸告我們說：「把你激動的心情按捺下去，因為溫和的方式最適宜，還要遠離那些劇烈的競爭。」

當對方否定或拒絕你的意見或想法時，你會有什麼樣的感覺呢？

任何人一定都會覺得不太高興吧！這時必然會有一股怒氣油然而升，或對對方產生反感。因爲對方的拒絕或否定，會使我們的自尊心受到很大的傷害。

在這種狀況下，我們應該如何委婉地拒絕別人，才不會讓對方產生不愉悅或自

尊心受損的感覺呢？

•當對方說話時，不要每次都反駁他。

很多人發表意見時，都會聽到直接否定或拒絕的反應：「不對，我不那麼認爲，那應該是這樣的……」「是嗎？我覺得不是這樣……」「你在說什麼？這怎麼可能呢？你講話好奇怪……」等等。

其實，這些話對一般人來說，聽到只會越來越反感而已。所以說，這是一種最差勁的拒絕及否定法。

•要聆聽對方的話，直到告一段落。

聆聽他人說話，一定要等到對方說話告一個段落爲止，即使你有反對的意見，也應該暫時忍住，無須急於表現。

因爲發言的人會想將自己想法完整的表達讓對方知道，並希望得到對方認同，因此對於話題被中斷，並遭否定一定會很生氣。

• 先表示認同對方的態度，再提出反對意見。

當你在聽完對方的話後，必須針對對方的話，傳達出自己並不是否定對方的想法，而且我們的構想其實是有相通之處，只是做法上有些不同，而關於這一點我們可以再作溝通和討論。

若直截了當地表示反對或否定，對方就會對你產生反感或敵意。

所以，首先要先認同對方說的話，因此你可以這樣說來先平息他的怒火：「是，你說的話我很明白。」

如此，對方就會不容易對你產生敵意，也能滿足他的自尊心。

接下來，你可以試著說出自己的想法：「我也很贊同，不過我另外有一個的想法。你覺得如何呢？如果有不對的地方請提出來。」

這樣一來，對方就不會對你反感，而且大多能冷靜思考你所說的話，並且接受你的建議。

善用誇獎，自能如願以償

拍馬屁不但不會讓對方開心，有時候還會取得適得其反的效果，讓人覺得噁心、虛偽。唯有真心誠意稱讚他人，才會為你帶來好處。

人性共同的弱點是期望獲得別人讚美、欽佩、尊重，有效的溝通，就是活用說話藝術，巧妙表達自己的意思。

只要掌握人性的共同弱點，將自己的話語裹上一層糖衣，既可以激發對方內心潛在的慾望，更可以滿足對方渴望獲得認同的心理。

法國哲學家盧梭在《愛彌爾》裡寫道：「對別人表示關心和善意，比任何禮物都有效，比任何禮物對別人還要有更大的利益。」

這番話運用在部屬與上司的關係之中，也相當適用。

能恰到好處地誇獎別人可說是一種卓越的領導技巧，有時候僅僅是一句輕描淡寫的誇獎，就能給部屬彷佛春風拂面的愉悅感覺，甚至能使自己的目的如願以償。人類都有渴望得到別人讚賞的天性，這正是我們之所以要常常稱讚別人的原因。稱讚別人不必用什麼華麗的言語，即使是用最平常的語言，也能有意想不到的效果。

對你來說，稱讚也許是再簡單不過的事，但卻能使別人愉快、振奮，甚至對方可能因爲這句讚美而改變一生。

成功學大師卡內基就很會誇獎別人，懂得如何利用誇獎使對方更加進步。

曾有一個例子是，卡內基曾經有一位來自匹茲堡的學生，名叫比西奇，在課業方面的表現總是比別人差，因而對自己失望到了極點。終於有一天，他來到卡內基的辦公室說：「卡內基先生，我打算退學。」

「為什麼呢？」卡內基問。

「因為我太笨了，無法學會你的課程。」比西奇難過地回答。

「可是，我並不這麼認為啊！我發現這半個月以來，你有很大的進步，而且在我的印象中，你始終是個相當勤奮的學生，怎麼可以隨隨便便提出退學呢？」卡內基很認真地回答他。

「真的嗎？你確實是這麼認為嗎？」比西奇驚喜地問。

「真的。而且我認為照這樣努力下去，你一定能在結業之時取得優異的成績。」卡內基繼續說：「我小時候，人們也都覺得我很笨，將來肯定不會有什麼出息，你比當年的我要好太多了！」

比西奇聽了卡內基的話後，內心燃起了希望之火，也更加努力、勤奮地學習，最後果真在結業時拿到傲人的成績。

比西奇畢業後，在自己家鄉開了一間肉品工廠，卡內基依然在他事業不順利的時候鼓勵和誇獎他。

卡內基在寫給他的信中說：「肉品工廠很不錯，很有發展前景，我相信只要你好好努力，一定會相當成功。」

比西奇從卡內基的言語中受到莫大的鼓舞，同時他也將誇獎的技巧用到自己的員工身上，沒想到成效甚佳。

在經濟大蕭條的年代裡，美國處處都面臨著破產危機，但是，比西奇的肉品工廠不但保住了自己原本的生意，而且還擴大了市場，這的確是一件難得的奇蹟。

後來，比西奇回憶說，他的肉品工廠之所以沒有垮掉，原因就在於他運用卡內基教導他的誇獎技巧，使整個工廠上下一心，才得以存活下來。

除此之外，稱讚也是一種重要的交際手段，可以運用在工作場合中的任何瑣事上。例如，當你看見一位女下屬或女同事穿了一件新衣服，就可以稱讚說：「妳穿這件衣服眞漂亮！」

如此一來，她可能就會因爲這一句話而一整天心情愉快。

參加公司舉辦的各項活動時，也可以對那些忙得不可開交的部屬誇獎道：「你們做得很好，辛苦了！」

如此一來，對方就會感到自己的勞動得到了別人的肯定，很樂意再貢獻自己的心力。

誇獎是一門藝術，巧妙的誇獎可以使別人和自己快樂，但誇獎絕對不是拍馬屁，若你將兩者視爲相同的東西，那麼你的稱讚不但不會讓對方開心，有時候還會適得其反，讓人覺得噁心、虛僞。

要記住，唯有眞心誠意的稱讚他人，才會爲你帶來好處。

衷心的恭維才能贏得人心

言不由衷只會讓人覺得你是在惡意嘲諷、挖苦他。成功的恭維話應該讓人覺得你是真心誠意地在稱讚他，對方自然樂意收下你的恭維。

說恭維的話語必須注意場合、交談對象及恭維的內容。最忌諱說話時口若懸河、漫無邊際，自以爲口才很好、能說善道，卻讓聽話的人一頭霧水、毫無頭緒。

領導者要說恭維的話語，必須注意的第一要則是要有眞誠的內涵，所謂的「肺腑之言」就是這個意思，要讓對方覺得這話說得有道理，這樣的恭維才算成功，也才能達到情感交流的目的。

成功學大師戴爾·卡內基對於恭維的力量有相當深刻的體會，那是年輕時他離開戲團去當二流推銷員的經驗。

卡內基當時的情況很糟糕，不工作隨時都可能餓死，在這種情況下不得不到克爾德貨車專櫃當個二流的推銷員。

當時，卡內基對自己所作的工作毫無興趣，更說不上專業熟練，因而每次顧客光臨時，卡內基就立即向對方推銷，但對貨車卻避而不談。因此，他被認為是個瘋子，大家都嘲笑說老闆腦袋有問題才僱用了他。

老闆對此深為不滿，對卡內基吼道：「戴爾，你以為你是在演說嗎？你明天如果還這樣，你就不用再來上班了。」

卡內基對此也非常擔心，因為若失去這份工作，他就會成為路邊的乞丐了，所以他對老闆說：「老闆，為了能有口飯吃，我會盡力而為的，況且，你看明天將是個好天氣，你的生意一定會很好的。」

卡內基這番話讓老闆聽得很舒服，也就未再對他發脾氣，並放棄了開除他的念頭，卡內基也因而認識到恭維的價值和好處。

不過，恭維對方要不落俗套，最好的方法是就地取材，恰當地說出心中感謝與讚美的話，而且要有特色。

例如，當你到朋友家去作客時，主人若是對種花很有興趣，你可以稱讚他的花開得很美；假如主人養了貓、狗等寵物，你可以讚美牠們乖巧、聽話。像這種恭維就很切題，比那些落入俗套的恭維有用多了。

恭維人切忌言不由衷，更不可以恭維人的短處，這只會讓被恭維者覺得你是在惡意嘲諷、挖苦他，反而會讓彼此的關係變得更差。

總之，成功的恭維話應該讓被恭維者覺得你是眞心誠意地在稱讚他，如此對方自然會樂意地收下你的恭維，對促進人際關係也才有幫助。

先學傾聽，再學溝通

懂得傾聽，就能從他人那裡學到許多東西，能夠充實自我，同時又可以擺脫自我的偏見與固執，成為一個虛懷若谷且受人歡迎的人。

天底下沒有融化不了的冰山，在職場上也沒有絕對不能和睦相處的上司和部屬，只要懂得用同理心，設身處地爲對方著想，眞心誠意地對待他們，那麼，就一定能換來他們更誠摯的回報，讓自己往後的升遷之路創通無阻。

眞正的說話高手，絕對不會得罪上司或部屬，讓自己疲於奔命。

許多人在交談的時候總喜歡滔滔不絕地說話，因而讓人產生厭煩的心理，犯下這種錯誤是不划算的。

正確的做法是，應該儘量讓對方說話，應該向他提出問題，讓他告訴你答案，而不是你滔滔不絕地說。

此外，交談時打斷對方的話語，或是表現出冷漠或不耐煩的樣子，都是不明智而且危險的舉動，應該要耐心地讓對方把話說完。

那麼，傾聽究竟能使領導者獲得怎樣的好處呢？

●傾聽能使人感到被尊重和被欣賞

人們都有這種傾向，總對與自己有關的問題更加關注，傾向於自我表現。因此，一旦有人願意傾聽我們談論自己，就會感到自己受到了尊重。

有人曾說，專心聽別人講話的態度，是我們能給予別人最大的讚美，除此之外，透過認真傾聽的過程，我們也會獲得極大的好處，那就是使別人用熱情和感激來回報我們的真誠傾聽。

●傾聽能夠增進彼此的瞭解與溝通

一般的推銷員上門推銷商品時，多半只顧著說自家的產品有多好，但這種推銷方式只會令人厭惡。

一個優秀的推銷員會只說三分之一的話，把三分之二的話讓給對方去說，然後專心地傾聽。

這樣的推銷方式，反而更能讓顧客接受自己的商品。這個方法運用在領導統御和人際交往中，也同樣有效。

●傾聽能夠減除壓力，幫助他人理清頭緒

美國歷史上最負盛名的總統林肯的一個親身體驗，正能證明這個說法。

當林肯在南北戰爭陷入最困難的情況時，身上肩負著來自各方面的壓力，於是他把一位老朋友請到白宮，請他傾聽自己的問題。

他們交談了好幾個小時，而大多數的時間都是林肯在說話，他還談到發表一篇解放黑奴的宣言是否可行的問題。

林肯仔細分析了這項行動的可行之處和不可行之處，並把人們發表在報上關於

這一問題的文章唸出來，在這些文章中，有些人是因他不解放黑奴而罵他，有些則是因怕他解放黑奴而罵他。

過了幾個小時之後，林肯並未徵詢老朋友的意見，只是和他握握手，把他送了回去。

後來這名朋友回憶說，是傾訴使林肯的思緒清晰起來，並且使心情舒暢許多，他僅僅是充當一名合格的傾聽者，沒有給他任何建議。

不過，這正是我們在遇到困難時所需要的。心理學家已經從理論的角度證實，傾聽可以減除心理壓力，當人有了心理負擔和難以解決的問題時，找一個恰當的傾聽者是最好的解決辦法之一。

●傾聽是解決衝突矛盾，處理抱怨的最好辦法

一個有耐心、有同情心的傾聽者，可以使一個牢騷滿腹，甚至是原本不可理喻的人變得通情達理。

曾經有過以下這樣一個例子，某電話公司碰到一個霸道、蠻不講理的客戶，對電話公司的工作人員破口大罵，甚至還威脅工作人員。此外，他又投書媒體，向消費者保護協會投訴，到處告電話公司的狀。

面對這種情況，電話公司派了一位最善於傾聽的調解員去見這位客戶。這個客戶一見到他便怒火中燒，憤怒地大聲「申訴」。

但這個調解員只是靜靜地傾聽，並不時報以同情的眼光和話語，就這樣足足聽那名客人發了三個多小時的牢騷。之後，那個電話公司的調解員又兩次主動上門傾聽他的不滿和抱怨。

就在這位調解員第四次拜訪那名客戶之時，那位顧客已把他當成自己最好的朋友了。

這位調解員正是運用了傾聽的技巧，他的友善、耐心、同情、尊重使那個蠻不講理的客戶變得通情達理，最後終於徹底解決了公司和這位顧客之間的矛盾，而且兩人還成了好朋友。

●傾聽能幫助你學習與成長

懂得傾聽就能從他人那裡學到許多東西，能夠充實自我，同時又可以擺脫自我的偏見與固執，成爲一個虛懷若谷且受人歡迎的人。

傾聽能使我們學習他人之長，彌補自己之短，同時，別人身上出現的缺點或錯誤對自己更是極佳的借鏡，若能懂得引以爲誡，自己就能不斷成長，成爲一個受歡迎的人。

懂得「是」的技巧才能達成目標

我們應該提出一個溫和的問題讓對方回答「是」，如此談話就能繼續，你也才有機會說服對方，讓對方接受你的看法。

世界上有不少善於言談的人，但說話有分寸的人卻不多，想受人歡迎，言談得體、把握分寸是十分重要的。

言談得體的關鍵之一就是要使聽者高興，關鍵之二是不要只顧自己說話，關鍵之三是要引導別人有目的地談話。

和部屬或同事交談的時候，不要一開始就提出異議，要不斷強調你們共同的話題。不斷強調共同點是因爲彼此都爲共同的目標努力，而不是要彼此爭論，唯一的差異就只是方法或途徑的不同而已。

因此，當你們開始談話時，要儘量使對方說「是」，而不要使對方總是和你的態度相反，一味地說「不」。

一個懂得說話的人在和別人交談時，能一開始就得到「是」的反應，接著會把聽眾的心理引入肯定的方向。

這種心理反應是很明顯的。當一個人說「不」時，整個身體如內分泌、肌肉、神經等等，完全是呈現一種拒絕接受的狀態，優秀的人能看出對方的身體產生一種收縮或即將收縮的情況。

但是，當一個人說「是」的時候，卻與上述的反應相反，他的心理、神經、肌肉都不會有緊張的反應，整個人都呈現前進、接受和開放的狀態，唯有這樣，領導者的言行才能被別人接受。

因此，在談話時，對方回答越多「是」，越能達到談話的目的。

善用這種「是」的方式，能輕易說服別人，並讓對方樂意地接受你的觀點。如果對方能從一開始就保持說「是」，談話就不易產生爭執，也就不用費盡唇舌地去說服對方接受自己的意見了。

「雅典的牛蠅」蘇格拉底是個口齒伶俐的老頑童，可是他徹底地改變了人們的思想，還被稱為卓越的演說家之一。他的方法是什麼呢？他是否對別人說他們錯了，而拚命糾正對方的想法呢？

其實剛好相反，他的方法就是善用「是」的技巧，先得到對方「是」的回答，然後他就能提出一個接一個的問題。

聰明的人想說服別人的時候，不要忘了連大哲學家蘇格拉底也使用的技巧，應該提出一個溫和的問題讓對方回答「是」，如此談話就能繼續，也才有機會說服對方，讓對方接受你的看法。

唯有愚蠢的人才不懂得變通，而老讓對方說「不」，如此，自己的看法永遠也無法傳達出去，自然也就無法影響別人了。

懂得說話，更要懂得聽話

人與人只要有利害衝突存在，就永遠無法平等。有求於人時，你可能會不惜委屈自己；別人有求於你的時候，你也可能會趁機故作姿態。

說話是一門藝術。說話得好，可不費吹灰之力達成自己的目的，說得不好，可就說不定會因此搞得灰頭土臉。

直言不諱雖然是一種誠實的表現，但是什麼話都不懂掩飾，既是直率也是輕率，難免會得罪了人而不自知，事情自然不一定能成功。所以，適度地吹捧是有必要的。

然而，吹捧要有技巧，因爲吹得過頭會讓人一聽就覺得很虛假，反倒會有反效果，吹得不夠或根本吹錯了方向，則不容易達到目的。

韓非子說：「凡說之務，在知飾所說之所矜，而滅其所恥。」

意思就是說，說服他人的首要任務，就是在於要懂得將對方所驕傲的事物裝飾得更爲華美，而完全不提會令對方羞愧的事。

這是一種攻心爲上的厚黑心理要領，吹捧對方驕傲的事物，可以讓對方感到興趣，同時慢慢打開心防。至於不提對方羞於啓齒的事物，則是表現一種尊重，不給對方有機會將心門關上，話語聽得入心，說服的機率便會大增。

既然懂得話該如何說，當然也要懂得話該如何聽。聽得出眞假，聽得出動機，才能不被人牽著鼻子走。

戰國時，齊國有一位大夫名叫鄒忌，人長得英俊挺拔，對自己的容貌也極有自信，相當引以為傲。

有一天早晨，他穿好朝服，戴好帽子，對著鏡子端詳了一番，雖然自己覺得相當滿意，但還是問了問他的妻子說：「我和城北徐公比較起來，誰長得英俊？」

妻子說：「你看來英俊極了，徐公怎麼比得上你呢？」

徐公是齊國出了名的美男子，鄒忌聽了妻子的話，雖然心花怒放，但還是不太敢相信自己真的比徐公英俊，於是他又去問他的愛妾。

愛妾也回答說：「徐公怎能比得上你呢？」

鄒忌半信半疑，對於妻子和寵妾的答案，仍有點不確定。

第二天，鄒忌家中來了一位客人，鄒忌在言談之間又問了客人同樣的問題，客人說：「徐公哪有你這樣俊美呀！」

鄒忌雖然心底還有一絲懷疑，但既然大家都這麼說，那麼應該是不會有錯的了。結果，沒過幾天，徐公恰巧來到鄒忌家裡拜訪，鄒忌便乘機仔細地打量徐公，結果發現自己實在比不過徐公。

這個發現讓他感到有點挫折，但是更大的成分是不解，既然徐公事實上是勝過自己，那為什麼妻子、愛妾，甚至於上門的訪客，都說了相反的話呢？

他仔細地想了很久，終於明白其中的緣由：「原來妻子說我英俊，是因為偏愛我；愛妾說我英俊，是因為懼怕我；客人說我英俊，是因為有求於我。其實，我根本沒有徐公俊美啊！」

面對別人的指責，我們要虛心受教、認眞檢討，而面對別人的稱讚，則不可全盤接受，得意忘形。

就如鄒忌，當他聽到別人的稱讚，心中雖然高興，但認眞地觀察之後，知道其實人外有人、天外有人，如果就此遭人蒙蔽，必定就如此沈緬在自己編織的幻想之中，無法自拔。

人人應該生而平等，但是人與人之間只要有利害衝突存在，就永遠無法平等。有求於人時，你可能會不惜委屈自己；別人有求於你的時候，你也可能會趁機故作姿態。那就像一種無形的協定，只要雙方達到目的就成了。

所以要記住，你如何待人，人必如何待你；你拍人馬屁，別人也會拍你馬屁；你給人臉色看，別人也不會放過你。

03

適當的讚美助你事半功倍

當對方犯了錯誤，不要毫不留情的給予指責，最好的溝通方式是透過讚美先緩和關係，然後再給予適當責備。

出色溝通，少不了真心尊重

每個人都希望自己的特點和風格能被人接受並得到重視，都渴望獲得來自他人的尊重和信任，不願被等閒視之。

與客戶溝通一定要掌握適切標準，不該說的別說，不該做的別做。無論如何必須牢記一點：客戶不是你的朋友，也不是同事，因此在尺度的拿捏上更需要注意。

一般說來，與客戶溝通時，要注意以下幾方面：

● 注意交談的內容與方式

與客戶交談，一定要注意對話內容與方式，爲了便於溝通，可以在不觸犯隱私的範圍內適當地談點私人話題，或者對他來說比較重要的事情，以求拉近雙方的距離。

如果不注意與客戶交談的內容與方式，不能把握好應有的分寸，就有可能因爲溝通不當導致負面結果。例如，對方與你談及滑雪的技術和他對滑雪的喜愛，就算你本身對此一竅不通，或者根本打從心底討厭下雪和寒冷天氣，也應該表現出禮貌與熱情，專心聆聽。

●避免使用尖刻的言語

一對夫婦在一家店裡挑選手錶，選來選去，總是拿不定主意。東挑西選後，倆人好不容易看上一只手錶，便向店員詢問價格，沒想到店員有些不耐煩了，竟如此回答：「對你們來說，這只手錶明顯太貴了。有些人就連買幾百元的手錶也要討價還價，但也有些顧客，即便看上的是幾十萬元的手錶，眉頭也不皺一下。你們應該明白，我願意為哪種顧客服務。」

聽完這番話，夫婦倆放下手錶，忿忿地離開了那家表店。

不妨思索一下，這位店員的言語得體嗎？相信答案絕對是否定的。過於尖刻的言語會得罪上門的客戶，將到手的生意推出去，怎麼看都不划算。

● 表達意見時，充分讓對方理解

有一次，一家美國公司向日本某企業進行推銷。從早上八點開始，美國公司的業務代表詳盡地介紹他們的產品，利用投影機把所需的圖表、圖案、報表打在螢幕上，熱情洋溢地宣傳著。

兩小時後，介紹終於結束，美國代表用充滿期待和自負的目光看著台下的三位日本商人，問道：「你們覺得如何？」

第一位日本人笑了笑，搖了搖頭說：「我沒聽懂。」

第二位日本人也笑了笑，跟著搖了搖頭。

第三位日本人什麼也沒做，只無奈地攤開了雙手。

美國代表大受打擊，無奈地靠著牆，有氣無力地說：「這是為什麼呢？」

爲什麼近兩個小時熱情洋溢的辛苦介紹，最終毫無效果？

答案其實很簡單，因爲美國人只單方面地按照自己認爲合理的表達方式去做介紹，並沒有顧慮到對方是否能夠接收並理解，因而導致了「鴨子聽雷」的狀況。所以，在與客戶溝通的時候，一定要確認自己的表達能夠得到對方的充分理解，以確保溝通的效用。

●尊重對方

每個人都渴望受到尊重，在商場上更是如此。

因爲沒能付出應有尊重，導致破壞了溝通的氣氛，相當不值。

爲了確保合作愉快，一定要把你的客戶當作重要人物來對待，讓他們體會到，你確實付出了特別的尊重，更看重彼此的合作。讓他清楚，你時時把他擺在重要位置。如此一來，自尊心得到了滿足，自然樂於再次合作。

不僅只有商場，現實生活中的狀況也是同樣，每個人都希望自己的特點和風格能被人接受並得到重視，都渴望獲得來自他人的尊重和信任，不願被等閒視之。用尊重態度待人，絕大多數溝通難題都能迎刃而解。

說服，需要事實作輔助

要想說服對方，必須拿出充足的理論依據。提供切實的材料，比費盡唇舌的勸說更有力。

溝通本領好壞、說服力高低，往往影響著與客戶交易的成與敗。

想要使客戶認同自己的觀點、接受自己的商品，說服力將產生極大的作用。爲了更好、更完善地與客戶交流，必須掌握說服他人的技巧，使自己的說服力進一步增強，從而在與客戶的溝通中取得意想不到的好效果。

或許很多人都忽略了一個道理：一個人的說服力高低，並不單單受到嘴上功夫控制，也會爲其他方面的因素影響。

以下幾點，是有效增強說服力的重要因素：

●良好的儀表

美國心理學家塞克曾做過一個實驗，召集了六十名志願者，吩咐他們每人跟三位行人談話，請求他們支持一個發起反對校內早餐供應肉食運動的團體。行動之前，研究人員對每位志願者的各種情況，諸如外表是否漂亮、口齒是否伶俐、能否令人信賴、能否說服人以及智力高低……等等，都做了詳細的統計與歸類。實驗結果發現，在相同條件下，儀表良好的人比不注重儀表的人更容易成功。

這項實驗，清楚突顯了儀表可能產生的重要作用。所以在與客戶交往時，一定要注意自身儀表是否整潔。

●同意對方的意見

心理學家透過多項研究，發現一個事實：要改變別人的意見，勸說者首先必須站在對方那一邊，取得信賴，促使雙方的關係融洽。達到這項目標以後，勸說的話便可以很快地產生作用，使對方接受。

為什麼呢？這是因為人都有一個共同的天性，希望得到別人的認可，並且對贊同自己的人抱持友善態度。

● 說服時有理有據

不管在什麼樣的情況下，要想說服對方，都必須拿出充足的理論依據。向對方提供切實的材料，比費盡唇舌的勸說更有力，特別是對於一個猶豫不決的人，道理與數據勝過一切。

● 以事實說服對方

想要使人信服，以實例證明要比空洞的論述有效得多。

例如，有一位病人非常抗拒服藥，醫生為此費盡唇舌勸說他服用某種藥物，並告訴他這種藥物如何有效、如何神奇，舉出許多理論，可是這位病人仍不見得馬上就會相信。與其如此，不如直接告訴他，另一位症狀相同的病人服用這種藥物後，康復極快、效果奇佳，那麼很容易就能說服這位病人了。

走對路，成功說服客戶

> 在與客戶溝通時，先找到雙方的共鳴之處，以此為溝通點，進行下一步的交流，比較容易達成共識。

一般來說，說服客戶要比說服其他人更難，因爲與客戶之間必定存在著利益與金錢的關係，因此，雙方都會比較慎重。

要想有效說服客戶，必須按照一定的原則進行。

• 說服之前，先瞭解對方

「知己知彼，百戰不殆」，適用於戰場，也適用於商場。說服客戶之前，必須盡最大可能去瞭解對方的一些情況，這樣才能有針對性地進行說服。

瞭解對方時，要注意以下幾點：

第一、看性格。

不同性格的人，接受他人意見的方式不一樣。瞭解對方的性格，就可以根據以選擇出最合適的說服方式。

第二、瞭解對方的特長。

一個人總是對自己的長處感到自豪，想要說服他人，可以將對方的長處當作切入點，拉近彼此的距離，讓說服工作進行得更容易。

第三，摸清對方的喜好。

有人愛下棋、有人愛釣魚、有人愛畫畫、有人愛唱歌，總之人人都有自己的愛好。若能先從對方的喜好入手，再進行說服，較容易達到目的。

有些人不能說服對方，是因爲事前沒有充分瞭解，無法運用適當的說服方式，自然就不會得到理想的結果。所以說，在說服之前，一定要充分瞭解對手與狀況，再針對性地採取相應的說服方式。

●要耐住性子

如果你的觀點是對的，卻無法和對方達成共識，如此情況下，就該稍微緩一緩，不要操之過急。

人的觀點不是一兩天可以形成的，要改變也絕非一日之功。這時候就需要耐住性子，表現出不達目的不罷休的毅力。

掌握一定原則以後，進一步來看，想成功地說服客戶，需要運用有效的策略。一般說來，有以下幾項：

‧以情感人

人是感情的動物，往往以此主宰自己的行爲。

說服客戶時，不妨先從感情方面入手，儘量營造出一種平和、熱情、誠懇的氣氛，使雙方能得到感情上的交流。

‧以退為進

心理學上有個名詞叫「自己人效應」，意思是說與人接觸，要取得信任，應該先讓對方認可你是「自己人」，如此方能消除陌生感，製造順利溝通的有利因素。

•尋找溝通點

與客戶溝通時，先找到雙方的共鳴之處，以此爲溝通點，進行下一步的交流，比較容易達成共識。共同的愛好、興趣、性格、情感、方向、理想、行業、工作等，都是很好的溝通點。

美國的門羅教授曾發明一種激發動機的說服法，程序如下：

1. 引起對方的注意。
2. 明確對方的意圖，把說服話題引到自己的問題上。
3. 告訴對方怎麼解決，指出具體的辦法。
4. 預測不同的兩種結果。
5. 說明應該採取的行動。

在說服的過程中，要儘量站在對方的立場上看問題，直到說服對方爲止。與客戶溝通，在遵循原則的前提下進行說服，相信會有出乎意料的好收穫。

適當的讚美助你事半功倍

當對方犯了錯誤，不要毫不留情的給予指責，最好的溝通方式是透過讚美先緩和關係，然後再給予適當責備。

人們受到責備時，多少會感到不痛快，因此必須謹慎行事。成功的指責是一種讚美，失敗的指責正好相反，足以導致人際關係的動搖。

指出別人的錯誤，是對別人某項特質或某種行爲的否定，而否定又有輕重之別，應該針對犯錯者的個性採取區別對待，採用適當的方法分別指出。

如果你是公司老闆，見到員工在工作中出現失誤，就應當講究指正方法，做到因人而異，使溝通發揮積極意義。

有的員工因爲本身個性的原因，常常缺乏幹勁，沒有主動性。對於他們的毛病，強硬指責往往無濟於事，因爲主動性必須從內心眞正激發出來，而非僅憑外在壓力。對待他們，指責只能是隱晦的，更適當的方法是進行激勵，或儘量調整職務內容，把工作與他們的專長和興趣聯繫。

以激勵替代指責，如此的溝通方法還能使員工產生責任感，在這種溝通模式下，員工必然心服口服，因爲努力得到了承認，積極性也得到了肯定。

有些時候，你可能會碰上一些比較「特殊」的人，無論怎麼批評、怎麼指責，對方都只是聽之任之，我行我素，依然如故。

千萬不要因此動怒，事實上，還是有溝通的方法。

有位女經理精明強幹，手下的一班幹將也都十分出色，但前不久一名助手因為遷居而調職，由一位剛畢業的大學生接任。

這位新來的女大學生，人長得漂亮，又很會打扮，專業能力也很強，但做起事來馬馬虎虎，接手不久便出了不少狀況。

女經理一開始還忍著，認為一段時間之後會有改善，但事與願違，對方仍然是老樣子。非但如此，這個女孩把任何批評、責備都當耳邊風，讓人又氣又急，偏偏拿不出辦法。

有一天，那位女經理突然靈機一動，決定改變溝通方式——減少責備，把重點放在稱讚對方的優點上。

某天，這個女孩換上一身新衣，梳了時下較流行的髮型來上班。女經理一看，覺得機會來了，便馬上稱讚說：「這身衣服真不錯，再配上這個髮型，實在漂亮。要是妳工作起來也能一樣漂亮就好了！」

女孩聽了，臉一紅，馬上意會到經理話中有話。

沒想到這個辦法真靈驗了，不出幾天，那女孩的表現就好了很多，一個月後，表現出非常出色的工作成績。

溝通的目的，在促進彼此理解，因此可以透過許多途徑進行，責備固然是一種，但最好少用。要使對方理解自己的想法，可以從另一個角度出發，利用稱讚來使他們改掉毛病，進而達成目的，提高整體的工作效率。

當對方犯了錯誤，不要毫不留情的給予指責，最好的溝通方式是透過讚美先緩和關係，然後再給予適當責備。

言談有度，掌握語言的藝術

不卑不亢的說話態度、優雅大方的肢體語言、因時地制宜的表達方式，三者合一，就是語言的藝術。

人際交往溝通，絕對離不開語言。

語言可以將你送上事業的最高點，當然也可以把你打入低谷，決定成敗的關鍵在於你怎麼去說，以及會不會說。

在辦公室裡，要如何與同事溝通交流呢？

● 發出自己的聲音

老闆眞正欣賞的，不是唯唯諾諾的應聲蟲，而是那些眞正有思考與判斷能力、具自我見解的員工。

如果你經常對別人的意見持「無所謂」或者「無條件同意」態度，你的光彩必定會被埋沒。

眞正有企圖、有幹勁的人，不管身處的職位高或低，都會盡可能讓別人聽到自己的聲音，大膽地說出自己的意見，不管是否被採納。

•語言要溫和

在辦公室裡與人說話，態度要保持溫和謙恭，讓人覺得有親切感。動輒開口嗆人、損人絕對是大忌，也不要隨便用命令式的口吻與人交談。

說話時用手指指著對方，會讓人感覺受到侮辱，是一種相當不禮貌的行爲，應該時時提醒自己。此外，大家的意見不統一時，也不要自以爲是地強迫別人聽從自己。除非是事關重大的原則性問題，否則沒有必要和同事爭得面紅耳赤。

確實有些人天生口才就很好，但也要用在正確的地方，才能發揮作用。如果你要想展現自己，可以將說話本領發揮在商業談判上，千萬不要在辦公室裡逞一時之快，否則必會於同事心中留下不好的印象，使他們對你敬而遠之，久而久之，淪爲不受歡迎的人。

●適度收斂自己的鋒芒

倘若你的能力極高，或者正好是老闆眼中的大紅人，會不會因此得意洋洋地四處炫耀自己？

切記一點：驕傲使人落後，謙虛使人進步，無論能力多強，仍要謙虛謹慎。「人外有人，天外有天」是絕對的定理，強中自有強中手，平時若不懂得謙虛待人，收斂鋒芒，必定會在吃癟時成爲別人的笑料。

無論多麼受老闆重用，你都不能在辦公室裡炫耀，因爲在得到表面上的恭喜同時，實際上，同事們正在內心深處嫉恨著你。

●私事留待下班後

總有這樣一些人，藏不住話、性子又直、喜歡向別人傾吐苦水。這樣雖然能很快拉近彼此間的距離，獲得友誼，但心理學家調查研究證明，事實上，只有一%的人能夠眞正對秘密守口如瓶。

因此，當你的生活出現危機，諸如失戀、婚變等，不要在辦公室裡隨便向人傾訴，特別是工作上的怨言與困擾，更不該輕易吐露給讓身邊的同事知道。

聰明、懂得拿捏溝通尺度的人，不會犯這樣的錯誤。他們必定會儘量避免在工作場所議論是非，眞的要想傾訴心事，也會寧可於下班後找幾個眞正可信賴的知心朋友，找個隱密的環境，好好聊聊。

說話要分場合，講究分寸和方式方法，最關鍵是要「得體」。

不卑不亢的說話態度、優雅大方的肢體語言、因時地制宜的表達方式，三者合一，就是語言的藝術。掌握這種語言藝術，將能夠使你更自信、嫻熟地與人溝通，從而在任何領域上獲得成功。

化解身邊的矛盾與嫉妒

想要化解身邊困擾著自己的矛盾與嫉妒情緒，毫無疑問，你必須憑藉「溝通」這個有效法寶。

溝通不是萬能，沒有溝通卻是萬萬不能。

和睦的工作氛圍是提升團隊向心力與效率的關鍵，這種氣氛，是在同事、上下級間做好溝通的前提下形成的。

溝通可以使同事間的矛盾由大化小、小而化了，更可以修復因摩擦產生的心靈傷痕，創造其樂融融的工作氣氛。

溝通的最主要功效之一，在於化解矛盾。

親朋好友之間，磕磕絆絆在所難免，與同事相處的過程中，自然也免不了糾紛、衝突、多多少少會有不愉快的事情發生。

學會溝通，可以使一切糾紛矛盾在交流中得到化解，從而鞏固人際關係，帶動事業蓬勃發展。

工作中，面對一些同事做了對不起自己的事，說了對不起自己的話，應該充分利用溝通了解問題或誤會產生的癥結所在，加以化解。一味地針鋒相對、以牙還牙是錯誤的做法，絕對無濟於事。

遇到比較難以化解的矛盾，更要仰仗溝通，讓對方瞭解自己的想法。當然，這要以眞誠的心爲前提。若是心口不一，表面上爲了講和，實際上卻是在爲自己辯解、推卸責任，必定收不到理想效果。

溝通的另一功效，在化解嫉妒。

嫉妒之心人皆有之，嫉妒的對象也因人而異，例如男人會嫉妒他人的地位、能力，女人會嫉妒他人的美貌，商人會嫉妒他人發大財，爲官者會嫉妒他人順利升遷……等等。

從本質上說，嫉妒就是看不得別人比自己強的一種心理失衡。那麼，該如何避開嫉妒的暗箭，防止它傷害他人或自己呢？

我們可以參照以下幾點：

・視而不見

面對嫉妒心很強的人，即使你對他再寬容友好，多半都無濟於事。最好的辦法是視而不見，不加理睬，因爲與這種人往往沒有道理可講，更難以順利溝通。

「沉默是最有力的反抗」，對無法消除的嫉妒，就由它去吧！

・不要輕易展露鋒芒

一個人若非常有才華，或者長相十分漂亮，難免會遭人嫉妒。在這種情況下，如果再刻意招搖，嫉妒者必定只會增加，不會減少，使自己成爲被攻擊的對象，處於孤立的境地。

爲了避免陷入如此困境，不如適度地對自己加以貶低、自嘲，或者在一些輕鬆的場合故意顯露出不足，以求得自保。

・學會容忍，以德報怨

與具強烈嫉妒心的同事針鋒相對，不會產生任何作用。

事實上，你大不必因爲對方表現的嫉妒而生氣，反而應該高興，因爲那種表現證明了你的過人實力。

所以，你大可以寬容大度的心看待一切，與他友好相處，在適當的時候給他一分關心和幫助，適度化解一部分嫉妒。

想要化解身邊困擾著自己的矛盾與嫉妒情緒，毫無疑問，你必須憑藉「溝通」這個有效法寶。

藉外在形象給人留下好印象

溝通的第一關，要靠良好的外在形象。千萬別小看了形象的重要，掌握得好，可藉以在客戶心中留下難以磨滅的好印象。

在現實生活中，人們都有一種共識，就是喜歡和有修養、懂說話、辦事具分寸的人打交道。與客戶交流時，如果能於對方心中留下良好的印象，自然將使溝通更加容易。

想要與客戶順利溝通，不能不要求自己給客戶留下好印象，至於提升印象分數的方法，有如下幾種。

• 儀容整潔

想要得到好的印象分數，保持儀容整齊清潔是關鍵。

整齊的儀容會使客戶對你產生好感，不至於感到嫌惡排斥，同時也讓自己心情舒暢、信心百倍。

要保持整齊的儀容，必須注意以下幾點：頭髮要乾淨清潔，千萬不能有頭皮屑，最好每天清洗。男性須經常理髮，並且每天刮鬍鬚；女性必須化淡妝，不要素著一張臉或者濃妝豔抹見人。

髮型保持清爽整齊即可，太過招搖顯眼、標新立異會給人不可信賴的感受，同樣不理想。

● 衣著大方

會見客戶時，穿著打扮一定要得體大方，給人以耳目一新的感覺，但不要奇裝異服。一般情況下，男性以西裝爲主，女性則以套裝爲佳，其他配飾如皮包、手套、耳環等可以配戴，但千萬不要過於華麗或寒酸。

曾有一位企業家總結過職場著裝十原則，表列如下：

1. 業務員應當穿西裝會見客戶。
2. 衣著式樣和顏色，要保持大方穩重。
3. 切忌佩帶一些代表個人身份或宗教信仰的東西。
4. 不要戴墨鏡或有色鏡片，因為容易使人感到輕浮。
5. 可以佩帶代表公司的標記，使顧客相信公司的信譽。
6. 可以攜帶公事包，有助於讓客戶相信你的言行和能力。
7. 帶上一支比較高級的圓珠筆或鋼筆，以及精緻的筆記本。
8. 除非必要，否則不要脫去上裝，以免削弱你的權威和尊嚴。
9. 會見客戶之前，切忌食用辛辣或氣味不好的食物。
10. 可以稍微噴灑氣味淡雅的古龍水、香水。

● 言談得體

得體的言談可以彌補一個人外表上的欠缺，尤其在和客戶溝通時，要注意保持談話速度適中、語音適量、身體略微前傾、面帶微笑，這樣才能給人一種親切、謙虛的感覺。

想要透過言談舉止給人好印象，可遵循以下原則：

1.入室之前，先按門鈴或輕輕敲門，得到允許才進屋。

2.看見客戶時，點頭微笑。

3.客戶未坐定之前，自己不要先坐。

4.遞送名片時，要用雙手。

5.切忌隨手擺弄客戶的名片，應謹慎地收好。

6.談話態度保持溫和積極。

7.坐姿端正，身體略微前傾。

8.認真傾聽客戶講話，雙眼誠懇地看向對方。

9.客戶起身離席時，同時起身致意。

10.與客戶初次見面時，先向對方表示打擾的歉意；告辭之前，真誠感謝對方的交談和指點。

● 保持風度

與客戶溝通時，要保持良好的君子風度，遵守以下原則：

1. 不與客戶起爭執，讓客戶感覺自己備受尊重。
2. 不主動貶低同行推銷人員、公司或產品。
3. 始終保持笑容與耐心。
4. 舉止文雅。

除去以上幾項，與客戶交往、溝通時，還有一點非常重要，就是保持良好的衛生習慣，不亂丟紙屑，更不在客戶面前做出擤鼻涕、掏耳朵、修指甲、打呵欠、翹二郎腿等不雅動作。

溝通的第一關，要靠良好的外在形象。千萬別小看了形象的重要，掌握得好，可藉以在客戶心中留下難以磨滅的好印象。

正確溝通的第一步，就從塑造形象開始。

04

笑一笑，溝通少煩惱

社交活動中，微笑是一項極有效的技巧，更是禮貌的體現，可以表現出一個人的涵養和水準。

與人合作，更能提高收穫

學會與人相處，用溝通化解生活中的不協調因素，為好人、行好事，方能保證職場上的暢通無阻。

有一則相當發人深省的故事，是這樣說的：

一天，一個人向上帝提出請求，希望能夠參觀天堂與地獄這兩個地方，以便對將來的歸宿做個聰明的選擇。

上帝答應了這個要求，首先帶他去參觀地獄。

一進入地獄之門，這人便為映入眼簾的景況深感吃驚。所有的人都坐在擺滿了美味佳餚，水果、蔬菜、肉食的酒桌旁，但一個個都顯得愁眉苦臉、無精打采且面黃肌瘦。

原來，這裡每個人的左手都拿著一把叉，右手則拿著一把刀，刀和叉長都有足足四尺，根本就不能把飯菜送到自己嘴邊。雖然面前擺著美味佳餚，人人卻都只能挨餓。

然後，這個人又隨上帝來到了天堂參觀。

更讓他吃驚的是，那裡的景象和地獄沒有什麼兩樣，甚至連人們手中拿著的餐具都一樣，唯一的不同，在於天堂裡的所有人都笑容滿面，吃得非常飽。

為什麼有如此差別呢？原來，地獄裡的每個人只想把飯菜送進自己嘴裡，最終什麼也吃不到，天堂的人則正好相反，懂得互相幫助，相互餵飯吃，克服了餐具太長這個問題。

這個故事告訴我們，得到幫助的前提，是先向他人提供援手。給予別人的越多，自己得到的就越多，彼此相互合作是得到成功、締造雙贏的不二法門。

以下，提供與同事合作的四大要點：

・給予他人幫助

幫助別人，實際上不僅僅是幫助自己，更是壯大自己。別人得到更多，不代表自己會相應地失去些什麼。千萬不要錯誤地認爲給予他人幫助就是自己的損失，實際上，懂得付出的人才能眞正地成就大事。

・不要單獨行動

在團隊中，每個成員都應該具有奉獻意識和團結精神，不要總是單獨行動，這對自己沒有益處。

應該在團隊中貢獻出自己的聰明才智，大膽地表述自己的觀點，拿出信心。即便眞的覺得自己的觀點或表現比不上別人，也不用消極地躲避團隊，不參加大家的任何活動。

・發出自己的聲音

想要順暢無礙地與人溝通，首先應清楚地表達你的觀點，並做詳細說明，虛心聽取他人的意見，努力瞭解其他觀點及理由。

直接準確地回答他人提出的問題，而不單單只闡述自己的觀點，對提高參與度有極明顯的效果。

● **尊重他人**

即使認爲自己無論在知識、能力上都比其他同事強，也不要鋒芒畢露，別忘了適度地尊重他人的意見，給予他人表現自我的空間，將團隊的作用和精神發揮到最高點。

任何一個單位或組織當中，都會有資格較老的同事，有的可能會幫助你、引導你，使你儘快地融入工作團隊當中，但也有一些道德修養較差的人，會對新同事採取打壓、欺負態度。對於喜歡找麻煩的人，在自己的能力尚不成熟前，最好避免直接衝突，儘量地遠離。

學會與人相處，用溝通化解生活中的不協調因素，爲好人、行好事，方能保證職場上的暢通無阻。

懂得聰明說話，什麼都不怕

為了使自身能力與事業得到順暢發展，與同事溝通交往時，一定要多留個心眼，多方注意。

阿諾德·本奈曾說：「日常生活中發生的衝突糾紛，大都起因於那些令人討厭的聲音、語調，以及不良談吐習慣。」

現實生活中，有些人人緣很好，極受歡迎，但也有些人處處得罪人。究其根源，在於說話辦事方式是否夠聰明。

許多人想透過溝通達到目的，卻往往弄巧成拙、事與願違。遇到這種情況，得先尋找自身原因，看看自己說話時是否注意到了以下幾點：

•語言婉轉

人人都有自尊心，只在強弱差別而已。

雖然人的職位有高低之分，但人格絕對是平等的。經常責怪他人，必定會一而再再而三地傷害他人自尊。用責問的口氣糾正別人，即便出發點是善意的，也會讓人感到難以接受。

有些人性格比較直，說話不喜歡轉彎抹角，這雖然不是什麼缺點，卻不好讓人接受。在辦公室與同事溝通尤其應當注意場合，避免說出過於尖銳、讓人下不了台的話，傷害彼此的感情。

•避免嘮嘮叨叨

喜歡訴苦的人最容易犯這樣的錯誤，一見到別人，凳子還沒坐熱，就開始向他人哭訴自己的不幸，抱怨命運的不公。

可想而知，這種個性的人，絕對讓人敬而遠之，不願結交。

● 實事求是

與同事談話過程中，對自己不知道的事情，要虛心向他人請教，最忌諱不懂裝懂，更不該扮演心理分析學家的角色，對別人的言行胡亂猜測，以顯示自身知識淵博，經驗豐富。

人無完人，不可能事事皆通，能在某個領域得到出色成績就已經是很不簡單的事了。不懂裝懂只會令人生厭，所以應實事求是。

● 給他人留些空間

有些人做什麼事都喜歡標新立異，一味彰顯自己，對他人做的任何事情都看不順眼，這種情況非常要不得。

也有些人自認爲高明，做什麼事都單獨處理，不肯與他人合作，將自己封閉起來，甚至認爲這才是不隨波逐流的象徵。這種態度就是標準的自命清高，同樣不會受到歡迎。

●把別人的話聽完

現實生活中，具強烈表達欲望的人很多，總是不識時務地打斷他人的話，表達自己的看法，不管對方是否願意傾聽。

不妨將心比心想一想，說得興高采烈時被貿然打斷，感覺會好受嗎？毫無疑問，這種人必會爲團體排斥。

與同事說話應注意尺度，避免因傷害導致日後的溝通障礙。

把話說得恰到好處，不僅對順利地開展工作很有好處，也能爲辦公室營造出良好的工作氛圍。

●不要於背後議論他人

小李在一家公司擔任業務員，平時最愛在背後說別人的閒話。

一天，一位新來的業務員和他一起出去辦事。

回程途中，小李和這名新人聊起公司內部的閒話，說這項措施不好、那項也不怎麼樣，同事們有什麼樣的缺點，主管又有哪些討人厭的毛病，把全公司上下都批評了一頓。

第二天，小李一到公司就被主管找去，狠狠批了一頓，原因不言而喻。昨天所說的那些批評的話全都傳到了同事和主管的耳朵裡去，讓小李差點落得被公司解雇的下場。

當你在某位同事面前議論其他同事的短處，並要為你保密，對方即便嘴上滿口答應，心裡也一定會想：「你今天會在我面前議論別人，改天一定也會在別人面前議論我。」於是產生防範心理。

因此，千萬要記住，不要在背後說他人是非，因為這是人際相處明哲保身的最大忌諱，不僅傷害他人，也會給自己添麻煩。

●正視自己的錯誤

若在工作中犯了錯誤，你可能會為自己辯解，找出一堆理由。即使這些理由全是真的，你也為解釋浪費了大量的精力，會得到什麼樣的結果？能得到他人的同情或者理解嗎？

很遺憾，恐怕都不可能。

與其如此，還不如默默尋找原因與解決的對策，積累經驗，重新開始，以最好的成績來取代解釋，讓人們打從內心欽佩。

同理，若你在無意間傷害到同事，與其刻意去解釋，不如眞誠地道歉。極力爲自己找藉口不是聰明的行爲，往往只會越描越黑。

誰都難免因爲一時疏忽而犯錯，既然難以完全避免犯錯，眞正重要的就是對待錯誤的態度。

大家同處在一個工作環境中，磕磕碰碰在所難免，關鍵在於如何讓溝通發揮功效，及時應對處理。

無法處理好與同事的人際關係，必會影響到工作的正常進行以及事業的發展。爲了使自身能力與事業得到順暢發展，與同事溝通交往時，一定要多留個心眼，多方注意。

笑一笑，溝通少煩惱

社交活動中，微笑是一項極有效的技巧，更是禮貌的體現，可以表現出一個人的涵養和水準。

「微笑是一句世界語言」，這句話的可信度，無須質疑。

的確，現實生活中，最容易被人接受和理解的表情，非微笑莫屬。沒有人不會微笑，不管性別年齡差異或是地位高低，人人都擁有微笑的權利。它能給家庭帶來歡樂，讓朋友備感溫馨，是世界上最好的禮物。經常把微笑掛在臉上，是讓他人喜歡你的不二法門。

湯瑪斯・愛德華是一家上市公司的負責人，也是一位擁有億萬財富的富翁。在他取得成功之前，不過只是一家公司的小職員，不善言談、表情呆板，根本不受同事與客戶的歡迎。

後來，他決定改變自己，開始經常把開朗、快樂的微笑掛在臉上。很快地，所有人都意識到了愛德華的與眾不同。

他開始每天早上都對妻子微笑，這個小動作完全改變了夫妻倆人的相處氣氛，讓他感受到比過往更多的幸福。

對身邊每一個人，他都以笑臉相迎，對大樓的電梯管理員如此，對大樓門廊裡的警衛如此，對清潔人員同樣如此，更對所有的同事和客戶展露微笑。理所當然，每個人回報給他的也都是微笑。

就這樣，過往討厭他的人逐漸地改變了觀點，也與他拉近了距離。湯瑪斯・愛德華變成了一個受歡迎的人，曾經感到棘手的人際問題，全都得以順利解決。

愛德華的事例，清楚地說明了微笑的重要，這正是他後來取得成功的一大原因。因爲學會了讚美他人、尋找他人的優點，站在別人的立場看事物，他擁有了快樂、友誼，成了一個真正幸福的人。

接下來，還有另一則與微笑和溝通相關的故事：

張主任所在的單位，有一個很難填補缺額的部門要招聘一名員工。張主任找到一個很合適的人選，並主動與對方通了幾次電話。交談過程中，他得知還有好幾家公司也希望延攬對方，且實力都比自己所在公司強。

想不到，幾番思索後，這位合宜人選竟向張主任表示自己願意放棄其他公司的邀約，接下這份工作。

後來，在一次午餐中，張主任終於得知這位優秀人才願意加入公司的原因。對方是這樣說的：「其他公司的主任與經理，透過電話與我交談時，態度和語氣都非常生硬，相當拘謹客套，給我的感覺並不真誠。可是你卻完全不同，聽起來很親切，感覺確實是真誠地希望我能成為你們公司的一員。」

「當時，我似乎看到，電話的那一邊，你正面露微笑與我交談，因此我在聽電話的時候，也會情不自禁地以微笑回應。」

社交活動中，微笑是一項極有效的技巧，更是禮貌的體現，可以表現出一個人的涵養和水準。

曾有一位深深體會到微笑妙用的公司負責人說：「在我決定對手下員工微笑以後，最開始，大家非常不解，感到不可思議，接下來收到的回應就是欣喜與贊許。一段時間之後，我感覺生活比過去快樂多了，能夠得到的滿足感與成就感也較過去來得更多。」

「現在，微笑對我來說，已成為一種習慣，我對別人微笑，別人回報給我的也同樣是微笑，過去冷若冰霜的人，現在全都熱情友好起來。我的人際溝通交流，得到前所未有的成功。」

千萬別吝惜向人展露出微笑。笑一笑，溝通更順暢，你將發現自己因此更接近成功，更少煩惱。

善用讚美，更添成功機會

與同事溝通時，要能夠恰當地利用讚美增進雙方的感情，這麼做能有效改善工作環境與氣氛，有利於事業的發展。

想要與人展開良好溝通，微笑是必備的基本條件，另外還有一把能有效攻城掠地的武器，就是「讚美」。

當然，讚美有很多種，若是運用不當，非但沒有幫助，還會導致反效果。爲了讓讚美確切打動人心、發揮功效，首先必須先認清讚美的兩大種類。

• 直接讚美

顧名思義，直接讚美就是當著對方的面，用明確、具體的語言，直接稱讚對方的行爲、能力、外表或其他任何優點。

有一位非常精明強悍的老闆，極擅長與員工溝通，每天晚上，他都會寫一些便條給下屬，獎勵他們的某些優秀表現，例如：「傑克，你的主意很棒！好好幹吧！」「萊瑞，多虧了你今天的優異表現，公司得到一筆大生意，今後也請繼續加油。」因為如此，員工全都心服口服，願意為公司賣命。

另外，針對生活中的小細節進行讚美，也相當有效。

比如看見同事買了一件新衣服，你可以說：「這件衣服看起來眞不錯，穿上之後，看起來精神眞好。」

這樣的直接讚美證據及針對性極強，不會讓人誤解，效果相當好。

●間接讚美

不直接挑明，而是運用語言、動作、行爲向對方表示自己的讚賞，比如在聆聽對方談話時不斷地微笑點頭，或者恭敬地向他人請教問題，都是一種間接且含蓄的讚美，可以使對方產生好感。

接下來，讓我們認識讚美時應當把握的幾大尺度。

同事之間，恰如其分的讚美能夠聯絡感情、增進友誼，但一定要以眞心實意、誠懇坦白爲基礎，並注意時機的選擇。

進行讚美時，應該注意以下幾點：

1.讚美的話語不要太誇張，言過其實的「讚美」，往往等同於「拍馬屁」，會讓人心生反感。

2.注意讚美的次數，只讚美真正該讚美的事情。過於頻繁就失去了讚美的意義，顯得浮誇不實。

3.不要在有求於人的時候大肆讚美對方，這只會讓人覺得你的動機不良，從而增加戒心。越是在自己不求對方什麼的時候，越該真心實意地表示讚美，如此效益最大。

4.針對不同的對象，選擇不同的讚美語言。若為同輩，可讚美他的精力、才幹、業績和風度；對於長輩，可以讚美他的健康、經驗、知識和成就；對於女性，可著重於讚美外表和服飾品味等。

說話辦事時，要能夠恰當地利用讚美增進雙方的感情，這麼做能有效改善工作環境與氣氛，有利於事業的發展。

懂得利用微笑進行溝通的人，人緣必定會逐漸得到改善，並且相對地得到他人的讚許。

真誠的微笑是善意的信使，可以將自己的真誠心意傳遞出去。沒有人喜歡幫助那些整天皺著眉頭、愁容滿面的人，更不會信任他們。因此，即便在身負沉重壓力同時，仍要告訴自己面帶微笑，看向世界的美好，善用微笑與讚美，拉近自己與成功的距離。

溝通方式，因「個」性制宜

只要你認真摸清每個同事的性格和習慣，擺正心態，真誠地與對方進行交流、溝通，解決各種難題就不會是問題。

每個人都有不同的性格、愛好、興趣，因此在溝通時必須注意這一點：針對不同性格的人，要以用不同的方法進行溝通。方法運用得當，自然溝通順暢，如果方法不當，定會引起人的反感，使結果適得其反。

與不同類型的同事溝通，應該採用不同的方法，嘗試去適應對方，而非讓對方來適應你。

以下，提供與幾種不同性格同事溝通的好方法。

•性格比較刻板的同事

有些人性格比較刻板，常常是一副冷面孔，無論你多熱情地和他打招呼，他都是一副冷冰冰的樣子，令人不敢接近。

這種性格刻板的人，興趣和愛好比較單一，不愛和別人往來。其實，這些人也有自己追求的目標，不過不輕易說出來罷了。

與這類人打交道，非但不能被他的冷若冰霜嚇跑，還要用熱情加以感化，並且認眞觀察，尋找出他感興趣的問題和比較關心的事，作爲展開交流的媒介。

如此，相信他的死板性格將會慢慢被融化。

•傲慢自大的同事

平常接觸到的同事中，多多少少會有一些表現傲慢者。

與這種人打交道，的確使人頭疼，但往往基於工作上的需要，又不得不和他接觸，這時候，不妨採取以下方法：交談之時儘量做到言簡意賅、乾脆俐落，不給對方擺架子的機會；其次，抓住他的薄弱環節，進行適當的「攻擊」，滅滅他的威風

與銳氣。

• 沉默寡言的同事

和沉默寡言的同事溝通，也是件比較費力的事。

這樣的同事會使人感到一股沉悶的壓力，讓你沒辦法接近、瞭解他，更無從得知對方對自己是否有好感。

對於這類同事，不妨採取直接了當的方式進行交流，儘量避免迂迴式談話，讓他明白簡要地表示「行」或是「不行」、「是」或是「不是」就可以了。

• 爭強好勝的同事

爭強好勝的人狂妄自大、喜愛自我炫耀，凡事都想顯現出高人一等的姿態，自我表現欲強烈，期望自己什麼都比別人強。

面對這種人，就算內心深處有意見，爲了顧全大局，仍該適當謙讓。但是必須注意一點：如果他把你的遷就忍讓當作是軟弱，變本加厲，更加不表尊重，你就該給予適當反擊，讓他受點教訓。

●比較固執的同事

固執己見的人往往難以說服，無論別人說什麼，他都聽不進去。和這樣的人打交道，非但累人且浪費時間，往往徒勞無功。

所以，不得不與固執己見的人溝通時，要懂得適可而止，實在談不攏，就不必耗時費力了。

●急性子同事

性情急躁的人，辦事比較果斷、草率，因此容易對事物產生錯覺和誤解，導致疏失產生。

遇到性情急躁的人，最好能將事情的順序辨明，按部就班解決，不要把問題一次性地全拋出去，以免除不必要的麻煩。

• 慢郎中同事

有急性子，自然就有慢郎中。與慢郎中同事交往，需要有耐心，即使他的步調總是無法跟上你的進度，你也必須按捺住性子，儘量配合。

在一個公司裡，會遇見不同類型的同事，爲了工作順暢，免不了得與他們交流、溝通，建立起一定的關係。不要把這當作困難的事情，只要你認眞摸清每個同事的性格和習慣，做到心中有數，擺正心態，眞誠地與對方進行交流、溝通，解決各種難題就不會是問題。

別當毫無原則的「濫好人」

答應任何請求之前，都要先審慎考量自己的能力，免得辦不成事，又得罪身邊的同事，得不償失。

法國皇帝拿破崙曾經說過一句很有道理的話：「我從不輕易許諾，因為許諾容易造成不可自拔的錯誤。」

同事之間既競爭又合作，免不了需要相互幫忙，這很正常，但有一點需要注意：在答應幫忙別人之前，一定要考慮清楚自己是否具備把事情處理好的能力，然後再做決定。

同事之間相互幫忙固然是好事，但是對於有些難辦的事，最好不要隨便答應。

搪塞性的應允，最後的結果通常會讓自己難堪。

爲了一時的情面接受自己根本無法做到或做好的事情，一旦搞砸了，同事並不會考慮到你當初的熱忱或難處，只會以這件事的成敗來評價你。

就算是平時互動的關係不錯，但在同事拜託自己幫忙辦事時，仍不要不加分析地全盤接受。

現實生活中，有很多事並不是想辦就辦得到的，免不了受各種條件、因素的限制，總有一定難度。因此，當同事求你幫忙時，千萬要考慮清楚，覺得自己辦不到，便該直接拒絕。

如果很難拒絕，可以找個藉口稍微拖延，比如「讓我想想辦法」或者「過一段時間再說吧」，然後再慢慢地把事情淡化。

總之，答應任何請求之前，都要先審慎考量自己的能力。

如果非常爲難，就要實話實說，免得辦不成事，又得罪身邊的同事，弄得處處不討好，得不償失。

適度表現自己的能力

與其靠別人發現自己，不如積極地選擇洽當的場合，將自身才能以恰當的方式表現。

身在職場，免不了得與上司進行溝通交流，結果將直接影響個人的前途發展。有效與上司溝通，可以增加感情，有利於幫助自己獲得更多、更好的機會。與上司溝通時，應遵循以下原則：

● 該爭時則爭

當今社會充滿了競爭，而競爭又和機遇與成功息息相關，毫無疑問，過分謙讓會將晉升和成功的路堵死。

如果自己的確具有能力，就該適當地用工作成就、技能、才幹和潛力來吸引上司，表現自己，爭取更上一層樓的機會。與其靠別人發現自己，不如積極地選擇洽當的場合，將自身才能以恰當的方式表現。

• 懂得表現自己

如果你覺得自己一直被大材小用，不妨透過下列幾種方法與上司溝通：

1. 將自己的能力在上司面前施展出來。
2. 經常把最新的資料與消息帶給上司，讓他感到你的重要。
3. 瞭解一下上司的好惡以及對工作的要求，設法投其所好，如此，要得到他的賞識就不難了。

如何巧妙地與上司接觸，是一門不簡單的學問。

這種時候，你要表現出自己的優點來。如果自身口語表達能力強，就該在談話時突出語言的邏輯性和流暢性；如果你的專業能力強，談話時就要說得詳細一點，主動介紹一些與自身專業相關的事物。如你多才多藝，又恰巧碰到同樣多才多藝的上司，不妨「拜師學藝」，討上司歡心，同時拉近彼此的距離，這是一種相當好的溝通方法。

除此之外，還可設法表現自己的忠誠與服從，儘量在交談上力求熱情、親切，講出你之所以附和上司的原因。一般情況下，上司們都會喜歡聽見你爲他的意見和觀點找出新理由，因爲這樣既表現出了你的能力，又可爲上司臉上貼金。

下面，再提供與上司接觸必須遵守的幾項要點：

1. 如果接觸機會不多，就力求讓每次接觸都有實質意義。
2. 弄清上司喜歡的交流方式，適度地增加接觸機會。
3. 選好主題，做出充分的準備，加重接觸的分量。
4. 接觸之前，先找出自己溝通上可能存在的缺點，加以克制，以免造成上司的誤解或不耐煩。

遵循以上的原則與要點與上司接觸，你將發現彼此之間的距離不再那麼遙不可及，溝通，自然不再是難事。

05

保持冷靜是解決糾紛的最好途徑

身為下屬，必須謹記一件事情：無論如何，都要讓自己保持冷靜，同時做好自己該做的事。

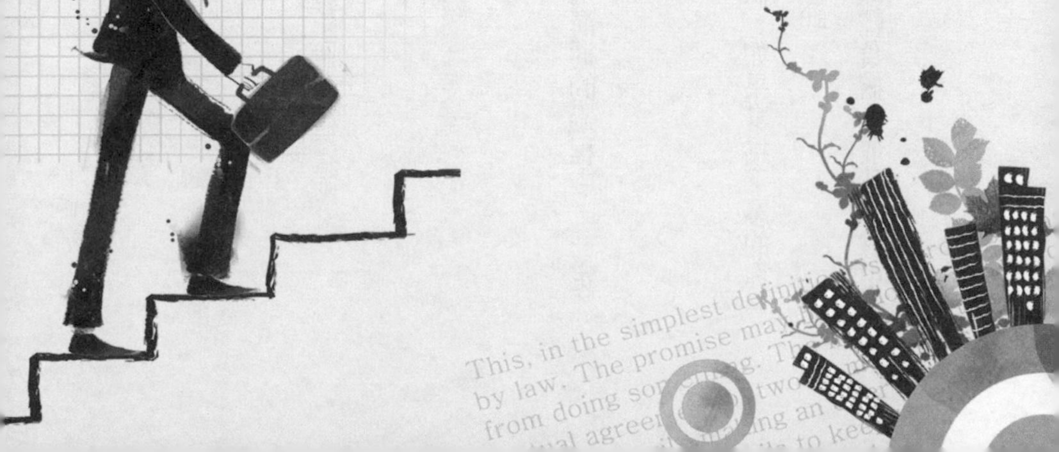

做一個真正聰明的下屬

與上司相處，一方面力求保護自己，另一方面也要顧及對方的顏面。掌握這兩大原則，溝通就不會出大差錯。

想要在職場一帆風順，首先要告訴並要求自己，在與上司溝通的過程中，一定要做一個聰明的下屬。

所謂聰明的下屬，首先要能幫上司解決工作中遭遇的問題。

上司畢竟也是凡人，會遇到難以解決的問題，在這個時候，如果身爲下屬的你能適時地挺身而出，將問題圓滿解決，自然能夠得到上司的好評。

聰明的下屬不會爲上司增加負擔，而是想方設法爲對方減輕負擔，成爲組織中不可或缺的重要人物。

要想得到上司的提拔，其實並不難，只要你用心說話辦事，並積極地朝正確方向努力，一定能夠實現。

• 巧妙應對上司的不公

有些時候，上司會無視你的業績，讓你受到不公正的待遇。這時，你該不該忍氣吞聲呢？

答案是否定的，有句話叫「人善被人欺，馬善被人騎」，該出頭的時候，就要設法讓自己出頭。

當然，絕不能怒氣沖沖地去找上司理論，而應心平氣和地與上司把事情談清楚，讓他清楚你所達到的優異成績，順帶讓他指出你的不足之處。

如此溝通有助於日後工作的開展，下一次，即使他想再給你不公正的評價，也找不到合適的理由。

• 適度掩蓋自己的鋒芒

如果學歷比上司高、能力又比上司強，你非但不該得意，反而該更加小心，因爲這預示著你有「功高震主」的可能。

作爲上司，最忌諱的就是下級在自己面前顯示優越，特別是學歷和知識，這會讓他有種失去威信和尊嚴的危機感。所以，無論多想要讓上司知道自己的能力突出並加以重用，仍要以恰當的方式表現。

應先瞭解上司的性格特點，以此來完成他交給你的任務。同時，要非常眞誠自然地表示對上司的忠心，不管發生什麼事情，一定要與上司保持意見一致，讓他認識到你的忠心、你的能力。

相信如此一來，經過一定時間的溝通磨合，他就會把你當作「自己人」看待，並加以善待。

●用合宜的方式反駁上司

對於上司的命令，若確定自己不能承擔，便應加以拒絕。但拒絕時要講究方式、方法和技巧：

第一、以委婉的方式拒絕。

在拒絕、反駁的時候，委婉地提出自己的觀點，既可維護上司的面子，又能讓他感覺你說得很有道理，較容易使他改變原來的主張，轉而同意你的觀點。

第二、借助於他人的力量。

若上司要求你做某件事，你想拒絕又無法說出口時，不妨請信得過的同事伸出援手，借助他人的力量，達到拒絕目的。

會見上司之前，要與同事策劃好，一方贊成，一方反對，然後與上司爭論。爭論一會兒後，同事再向你這一方靠攏說：「似乎有些太勉強了。」如此一來，你就可以避免直接拒絕上司的尷尬了。

採用這種方法的好處之一，是讓上司認爲「這是經過大家討論之後才得出的結論」，因此任何一方都不會受到傷害。

與上司相處必須謹慎，一方面力求保護自己，另一方面也要顧及對方的顏面。掌握這兩大原則，溝通就不會出大差錯。

保持冷靜是解決糾紛的最好途徑

身為下屬，必須謹記一件事情：無論如何，都要讓自己保持冷靜，同時做好自己該做的事。

工作中，上下級之間難免產生矛盾。碰到這種狀況，埋怨無濟於事，根本解決不了問題。因此，在抱怨上司的同時，也要檢討一下自己的行爲，因爲你很有可能基於對工作的不滿，而將所有責任都推到上司頭上。

遇到這種情況，切忌意氣用事、無理取鬧，因爲這是必定會把事情搞砸的最糟糕做法。但也不能忍氣吞聲，畢竟單憑逆來順受不可能在職場出人頭地。最好的辦法，該是採取以下幾點：

- 弄清事情的真相

有時，上司的做法確實委屈了你，可你又不知原因何在。這時就該仔細調查瞭解，是不是上司眞的有意爲難，和自己過不去。

• 當忍則忍

確定了上司是有意爲難，千萬不要盲目回擊，而要想辦法找出理由拆穿他，讓他知道你不是可以任意擺佈的棋子。若暫時找不到反駁的依據，也不要胡鬧，最好的辦法是裝糊塗，暫時忍住，等找到合適的時機再另謀對策。

• 理直自然氣壯

如果確實找到了上司有意爲難的證據，你就可以用自己所掌握的一切來與他理論。這種時候，必須講究方法，畢竟辦公室不同於其他場所，上下級關係的距離不可逾越。在公衆場合拆穿上司，會讓他尷尬難堪，對自己沒有好處，因此最好於私下處理。切記，保持態度的不卑不亢，理直氣壯而不咄咄逼人，以留有迴旋餘地。

既然上下級之間矛盾的產生不可避免，那麼作爲下級，有必要好好研究、學習一下化解矛盾的方法：

．有話照直說

不管上司持什麼態度，都要找一個合適場合，把道理向對方講明，讓他明白你內心眞正的感受。

．以德報怨

能夠對上司以德報怨，才容易把事情辦好。

切記一點，無論自己當時心裡多不好受，都要用寬宏大量的態度將矛盾化解，便於日後與上司繼續良性溝通。

．無愧於心

如果矛盾的產生完全在於上司，而且對方夠明理，那麼也無須太擔心，等到氣頭過去後，上司多能主動釋出善意。

身爲下屬，必須謹記一件事情：無論如何，都要讓自己保持冷靜，同時做好自己該做的事。認眞負責，就是你與上司之間溝通的最有力憑藉，也是在職場生存最好的護身符。

想「進諫」，要抓準關鍵

大凡聰明的下屬想要改變領導者的意見，不會直接了當地進諫，而是提出大量可行的建議，但將得出結論的工作留給上司。

身爲一名責任心強的下屬，發現上司的決策錯誤，爲了維護公司利益，應該給予忠告。但向上司「進諫」必須小心，得先仔細地考慮清楚，究竟該怎麼去說，才能取得最理想效果。

以下，提供一些值得借鑑的方法：

●不要刻意否定上司的意見

下屬向上司「進諫」，必須注意兩個層面：其一，從正面把自己的觀點告訴上司，其二，儘量不要給予否定和批駁，以避免與上司產生正面衝突。

假設你是某公司部門經理，由於業務發展迅速，需要配一名專管業務的副手。你想選一位有經驗的人，上司卻準備從其他部門派一名外行人給你。面對這種情況，你若懂得把話題焦點放在一名副經理自身應具備的條件上，而不是去否定上司選人不準確，就能較聰明地避免矛盾衝突，同時達到自己的目的。

●儘量私下「進諫」

向上司進諫，要多利用非正式場合，正式場合則給對方留足面子，這樣就不至於損及自己在上司心目中的形象，同時也有利於維護上司個人尊嚴，不至於使他陷入難堪。

美國心理學家羅賓森教授曾說：「大部分人都很容易改變自己的看法，但如果有人當眾說他錯了，他會惱火，更加固執己見，甚至全心全意地維護自己的看法。這不是因為那種看法多麼珍貴，而是他的自尊心受到了威脅。」

透過羅賓森的話，我們發現自尊心人人都有，都想去維護。所以在「進諫」時千萬不要忘記這一點：儘量私下進行。

● 多提意見，少下結論

知名的成功大師戴爾．卡耐基曾經說過：「如果你僅僅提出建議，而讓別人去得出結論，他會覺得這個想法是他自己想出來的，這不是更聰明嗎？」

大凡聰明的下屬想要改變領導者的意見，不會直接了當地進諫，而是提出大量可行的建議，但將得出結論的工作留給上司。換句話說，即是由身爲下屬的你種樹、培育，但讓主管者摘果。

職場中上下級的關係非常特殊，所以也最難相處、最難溝通，但只要掌握了一定的方法和尺度，抓準大原則，一切就容易得多了。

現實工作中，各種類型的上司都有，特色和個性自然也各有千秋，需要你認眞揣摩，在實踐中找出與上司順暢溝通並自保的技巧，這才是最實用的。

正確與下級溝通，領導才能成功

作為一名好領導者的前提條件，就是在利用權力的同時還要與員工經常溝通，以化解上下級間的鴻溝。

現在，越來越多的公司主管開始注意到溝通的作用。在長期的領導工作中，他們逐漸認識到一個道理：唯有溝通才能眞正地激勵員工、鼓舞員工，使員工投入到工作當中。

身爲主管者，若想與員工保持良好關係，暢通無礙地溝通，你應審愼把握以下幾項大原則：

• 多為下級著想

相信絕大多數人都會同意，作爲一個領導者，要想讓員工對你尊敬有加，不是一件容易的事。

常言道：「討好一個人難上難，得罪一個人只一句言。」常常只是一句話，一個微小細節，就會引起他人的誤會，更何況身爲領導者，想不得罪手下衆多員工，豈是一件容易的事？

即便你本來與下屬的關係一直良好，但只要一時稍微不在意，便可能不知不覺間得罪了人，讓下屬心中產生怨言，可身爲當事人的你卻完全不知道。

李經理掌管一個部門已經很多年了，原本一切都相當順利，但由於公司上級要拓展業務，接連不斷地指派新的任務下來，於是他要比過往花更多時間與上層領導者開會，同時還要及時地將一些工作分配給下屬。

被績效壓力壓得喘不過氣來的他，根本顧不上與下屬交流溝通，可是一段時間以後，他發現事情顯得不對勁——員工們看他的眼色變得很難看，工作效率也比以前要低了許多。

幸而李經理及時察覺，也深知假如不予理會，任狀況發展下去，後果將不堪設

想。因此，他馬上放下身段與員工進行溝通，從而化解了一場可能的危機，使狀況獲得改善。

事情往往就是這樣的，在工作量加大，工資不漲的情況下，作爲部門領導者，就有責任去爲下屬爭取合理的勞動報酬。

一個能處處爲下屬著想，敢於爲下屬擔責任的領導者，才會受到員工們的擁護和愛戴，燃起即便赴湯蹈火也在所不辭的意識。

●在下級面前有領導的樣子

穩固上下級關係，是企業走向輝煌的重要憑藉，許多成功領導者的事例已經說明了這個道理。

另外，對待自己的下屬，一定要做到大公無私、人人平等，只有這樣才會令下屬信服，在他們心目中留下良好的印象。

出言必行，誠懇守信，是每個領導必須遵守的原則。經常食言絕對是溝通大忌，只會讓下屬不再信任你。

必須要求自己敢擔重責，即當出了問題時，要敢爲你的下屬包攬過失，概括承擔責任，而不是將一切推得一乾二淨。相對的，若工作進展良好，你應將這份功勞歸功於下屬，千萬不可據爲己有。

在下屬面前爲自己樹起良好的權威，不要隨便開一些不符合身分的玩笑，你的命令才會得到下屬的妥善遵守與執行。

身爲領導者，要做到將團隊治理成爲以你爲核心、以每位員工爲半徑的集體，如此一來，整體力量絕對會非常強大，下屬必然對你充滿信心，上司也會對你賞識有加。

作爲一個上司，最忌諱就是有遲到早退、公器私用等不良行爲，任何事情都要確切地以身作則，如此才能讓下屬信服。

●善於化解下屬之間的是非

在辦公室裡，免不了有是非與爭執發生。

身爲領導者，面對下級中發生的公私事糾紛，要如何處理？

能夠選擇出正確的方式，才能使事情得到圓滿而妥善的解決。反之，將會爲以後工作的順利進行設阻。若是等問題鬧大了，才想要解開這個結，狀況將會變得更加棘手。

所以，作爲上司，你的最重要任務，是要使工作在任何情況下都能正常進行，團結團隊中的每一位員工，使他們將自身能力與效率發揮到最大。

提高部門的工作效率是你的最終目標，老闆滿意了，員工對你感到尊敬愛戴，你的領導角色才算眞正扮演好。

最難辦的就是人際關係，特別是同事間遇到利益衝突時，很容易釀成大大小小的紛爭，而且難有眞正休止的一天。

面對這種情況，作爲上司的你應該做好調解工作，一方面緩解辦公室裡緊張的氣氛，另一方面盡力瞭解下屬之間的矛盾，協助解決。

下屬間出現矛盾糾紛，作爲上司千萬別參與到戰爭中去，正確的做法是要瞭解情況、觀察動態，有效化解矛盾。

例如，當你得知某個下屬受到其他同事圍攻，在同事之中幾乎已無立足之地。

遇到這種必須立即處理的情況，身為領導者的你就該及時了解來龍去脈，為那位處境難堪的下屬解圍。

同時，還要利用好自己的權力，以嚴肅的態度告訴所有員工，辦公室裡嚴禁有類似的事情發生。

辦公室氣氛的融洽與否、工作效率的高低，與領導者是否會做人，是否會處理上下級溝通，有著直接的關係。

既做到讓上層領導賞識，又讓下屬尊敬愛戴，這樣的主管，才稱得上是一位好的領導者。作為一名好領導者的前提條件，就是在利用權力的同時還要與員工經常溝通，化解上下級間的鴻溝，追求達到成功。

透過拜訪提昇形象

拜訪是一門綜合性的藝術，已經廣泛地應用到日常交往當中。能否靈活運用此方在溝通、辦事中顯得頗為重要。

現實生活中少不了應酬，應酬是促進交流、增進感情、洽談生意的紐帶。既然生活中少不了應酬就要「勇敢」地面對，輕鬆地看待。

有專家指出，事業的成功才能占十五％，人際交往占八十五％。而應酬成爲人際交往的重要內容，所以要學會應酬，善於應酬，才能把事辦好。

談及應酬，必須懂得如何正確拜訪他人。

拜訪是爲了更好的溝通，溝通是爲了相互瞭解，相互瞭解是爲了達到各自的目的。必須明瞭，拜訪是溝通的前提，前提條件準備充分了，以後的工作才能順暢地進行。

拜訪，顧名思義，是指恭敬的拜會、訪問，既然是主動登門，就講究個方式方法，方法得當了，可能勝算就大一些。

下面是拜訪的幾個注意事項：

●拜訪前先預約

想要登門拜訪別人之前，要先打電話預約，特別是在繁忙的商業交際中，更應注重這一點。

商場如戰場，特別是在商機無限、分秒必爭的當今社會，人們對時間的安排非常緊湊。幾秒鐘、幾分鐘對你來說不算什麼，但對生意人來說卻可能造成嚴重虧損，或失去一次幾百萬、幾千萬的商機。

總之，在拜訪時一定要考慮到預先約定時間。

在時間安排上，儘量配合被拜訪者。如果你所拜訪的是一位德高望重的人物，並且他的時間安排得很緊，那麼就更應提早聯繫確定拜訪時間。

事情都具有兩面性，約得越早，改變主意的可能性也會相對增大。因此，把握恰當的時間很重要。

● 時間觀念要強

如果你代表公司去做拜訪時，你要提前五分鐘到達所拜訪的地點，做個守時的人，因爲你所代表的是整個公司。一舉一動、言談舉止上都要得體，不然就會損傷公司在對方心目中的形象。

在拜訪之前，打電話和與對方確定見面的時間地點，是最重要的禮節問題。然而一旦時間確定、地點落實後，時間觀念需馬上提到最高點。

如果對方是時間觀念很強的人，不管你因爲什麼遲到，都會給對方留下不好的印象。所以，時間地點確定後，一定要把交通路線、路況打聽清楚，出發時還要考慮到意外因素，確保在預定時間到達預定地點，只可提前不能晚到。

如此，抵達目的地後還有時間事先把準備和對方討論的內容再考慮一遍，從而做到胸有成竹。

•根據場合把握時間

商務拜訪不宜時間太久，但是也不能事情辦完後，立刻起身告辭。如果對方需要的話還可以陪他聊聊天，在這過程中拉近雙方的距離。

如果你認爲你在談完事情後需要立刻離開，你沒有必要顧慮對方，擔心起身告辭會造成什麼樣的影響，因爲是你去拜訪對方，提出離開的主動權在你，主人不可能提醒你該離開了，也不能強迫請你告辭。

告辭也要有一定的方式，最好不要說：「那就這樣吧，今天就到此爲止吧！」這是不高明的方式。

你可以說：「那好，如果您對這件事沒有意見的話……」對方當然明白你的意思，就會接著說：「沒問題了，今天就這樣吧。」這時你再起身告辭就體現出你是個有禮數的人，也會給別人留下深刻的印象。

假如與對方談話時間超出了預期，該如何處理？

遇到這種情況，就要考慮還沒有談完的事情的重要程度，有沒有必要延長時間繼續談下去。

如事情非常重要，要用委婉的語氣向對方說明白，表示再耽誤他一點時間請求他允許。如果對方表示同意，你可以繼續把事情解決完，如果對方還有別的事，則需要以後再打電話聯絡，再約拜訪時間。

如果接下來的事不太重要了，那麼，在對方沒有要留你閒談的意思時，你就可以起身告辭了。

拜訪是一門綜合性的藝術，已經廣泛地應用到日常交往當中。能否靈活運用，在溝通、辦事中顯得頗爲重要。拜訪成功，事情自然水到渠成；反之，當然竹籃打水一場空，搞不好還會被掃地出門，置你於尷尬境地。

約會，也是溝通的好機會

展開良好溝通的最佳時機，是無論什麼時候，只要對方真誠相邀，就儘量做到有邀必赴，如果可能的話，不妨回請。

擴大人際關係的途徑之一，就是積極地接受別人對你的邀請。在酒席上可以大展你的溝通能力和談話能力，去結識你以前不認識或不熟悉的朋友，這樣你的人脈關係網就會慢慢的張大。

參加別人的邀請是創造溝通、擴大人際關係的方式之一，所以在正常情況下要儘可能的去赴約。

現實生活中，常碰到這樣的情況：

狀況一——有人對你說：「今晚有空嗎？去喝幾杯怎樣？」

當你聽到這樣的邀約時，即使在家或辦公室裡你已喝過了，不想再喝的情況下，也應該愉快地應邀。只要不是走不開，就要答應對方：「當然可以，一定去，時間地點你定。」用一種輕鬆爽快的話語表達你的誠意。

有人認爲社交應酬太麻煩，覺得出席那樣的場合沒有價值。其實，這種想法根本不瞭解社交應酬的妙處。

雖然它不能立刻給你什麼實質回報，但是有時能夠給你提供很多的有利於事業發展的機會。

如果遇到有人邀請你到他家做客時，要向對方問清楚你什麼時間去合適，然後按時赴約。

狀況二——當對方對你說：「有空來坐坐，我請你吃飯。」

你應該說：「你看我下周日去怎麼樣？會打擾你嗎？」

對方回答可以後，你再帶著歡愉的心情去赴約，這樣對方也會感覺到你來他家的誠意，認爲你是從心底裡信任他。

在社交過程中能否取得成功往往只在你的一念之間，體會了赴約的眞正意義，懂得了應邀的奧妙，你的人際關係網就會慢慢地擴大，和不同人士的溝通能力也日益增強。

赴完他人的邀約後，你必須對人說一聲：「多謝您的熱情招待！」邀約應該是相互的，有時候你也應該回邀其他人。

赴約也要一定的學問，在赴他人的約會時一定要注意以下幾點：

•信守承諾

答應他人要赴他的約以後，無論如何也要趕到，除非有非常要緊的事情，剛好與你赴約的時間重合。這時，必須向邀請你的人打電話以表謙意，並表示下次有時間定會赴約，或者爲表誠意，回邀他人。

•遵守時間

在赴約時一定要注重時間的安排，準時到達約定地點，這樣表示出你對對方邀約的重視程度。

• 真情實意

對待別人邀請要眞心實意的去赴約。不能心口不一，嘴上答應他人要去，實際上心裡非常不願意參加。

若在他人熱情的邀請下，勉爲其難地答應了，見面後表現出一副不耐煩的樣子，與其這樣還不如不去。

這種表現既傷了邀請人的自尊心，也傷了彼此間的情分。

展開良好溝通的最佳時機，是無論什麼時候，只要對方眞誠相邀，就儘量做到有邀必赴，如果可能的話，不妨回請，這樣在原有的基礎上加深了你與對方建立起來的關係，以後就不會再出現人到用時方恨少的尷尬局面了。

禮數做全，成功就不遠

請客吃飯的目的並不在於討論工作上的問題，而是拉近彼此間的距離，廣交朋友擴大人脈網。

在溝通聯絡感情時，請請客、吃吃飯，是正常現象。

但是，請客是要講究的，你必須掌握要領和方法，不然，非但達不到目的，恐怕還會起到適得其反的效果。

在商海打拼的人，如果在吃的方面斤斤計較的話，與客戶一起用餐時，樣樣都要依你的胃口，這樣會導致不良的後果。

爲此，你應調整飲食習慣，克服挑食的毛病。當然在選擇吃什麼的時候還是要留意一下對方的意見，最好在吃飯前與對方交流一下意見做個飯前溝通，以便掌握對方的口味，從而達到陪好客人的任務。

平時的一日三餐我們吃得可能不太講究，但在陪客中還是有一定的做法的，以下提供幾項最好能遵守的大原則：

•午餐的吃法

請人吃午餐也是一門藝術，弄得不好就會洋相百出。

有的人想要約某人一起用午餐，可卻不問人家願不願意，硬拉著他到自己認爲比較不錯的餐廳去用午餐，不問他人的喜好，憑自己的感覺點了自己認爲好吃的東西給對方。

試想，這不是難爲人嗎？原本好意請人吃飯，結果卻弄得一身不是。

還有一種情況，對方喜歡吃某一道菜，但是也不是在什麼時候都對這道菜情有獨鍾，不管在什麼情況下什麼場合都要吃這道菜的。

所以，在用餐之前應禮貌性的徵求一下對方的意見。

午餐時，酒的問題也和飯的情況差不多，在選擇上都應該徵求一下對方的意見要還是不要，要什麼樣的酒。

假如對方下午有重要的事情要處理，而你把酒擺到桌面上，一而再，再而三地向對方敬酒，這時對方會很爲難。

要是喝了，下午就沒法展開工作；要是不喝，又覺得不好意思。這種情況下，對方當然無法高興起來，結果落了個不歡而散。

當你身處外地，人生地不熟時，要想請對方吃飯的話，可以請別人幫忙聯繫飯店。吃過飯後在付錢方面一定要注意。雖然你與對方事先說好由你請客，但對方硬要付錢時，可能他是爲了面子去付錢，也有可能他是誠心誠意地去付錢，無論是哪一種情況，你都要婉言謝絕。

這是日常交際必須懂得的常識。

• 晚餐的吃法

與客戶共進晚餐時，點菜權一定要交給對方。如果對方點的菜剛好也符合自己的口味，那是最好不過的了；若是與你的胃口不一致，最好暫時委屈一下。

如果，客戶來到公司拜訪並且想在公司附近吃晚餐時，有的人就把客戶帶到公司招待客戶專用的餐廳，自作主張地擺上一桌，不管對方喜歡還是不喜歡，其實這樣未必會取得好的結果。

如果換一種招待方式，在準備晚餐前，徵求對方的意見，喜歡什麼口味的飯菜，當然還要問清對方對酒的要求，喜歡什麼酒，能喝多少等等。一切弄清楚後，再去準備晚餐也不遲。

●談些輕鬆的話題

餐桌上，是一個令人放鬆的場所，在餐桌上講話時一定要注意到這一點，爲了使餐桌有高興愉快的氣氛，儘量講一些輕鬆愉快的，無傷大雅的話題。而那些不衛生的話題或容易使人產生不當聯想的話題都應避免。

餐桌上不是在辦公室裡。有的人在招待客戶吃飯時，還一個勁地談論公司生意上的問題，對方剛把話題轉移到其他事情上，你又把他拉了回來還自鳴得意，其實就樣就犯了戰略上的錯誤。

當然，如果在辦公室裡沒談完的事情，在吃飯前與客戶說好了邊吃邊談，或者是對方主動地提起話題，就另當別論了。

總而言之，別讓餐桌上的氣氛太緊張就好。

陪同客人吃飯也要講究方法，方法運用得當，以後的事情如交朋識友、商業洽談等等都會順利地進行。反之，你給對方的印象會更糟，你的目的當然達不到了。

其實，請客吃飯的目的並不在於討論工作上的問題，而是拉近彼此間的距離，廣交朋友擴大人脈網，爲以後的成功做鋪墊。

「禮數」全做到了，成功也就離你不遠了。

06

溝通要成功，少不了尊重包容

不善於理解人的處世之道，正是導致溝通失敗，無法贏得他人好感的一項重要因素。

感情，需要正確的修補與維護

沒有人不希望自己與他人的友誼能夠長久，懂得一些保持友情、暢通溝通的竅門，就可使生活少些悔恨。

相信大家都有過同樣的經驗，無論交情多老、感情多好，朋友間的相處，總免不了會出現一些小裂痕。這種時候，如果及時修補，就能防微杜漸。相反的，如果放任自流，小裂痕必定會變成大鴻溝，終至友情破裂。

當友情產生裂痕，無論自身立場是對或錯，你都該積極主動些，透過正確的溝通方式進行補救。

- 主動真誠

不管是什麼原因，不管是誰的責任，既然友誼出現了裂痕，就要及時彌補。只消極被動地等待對方來找自己，賠禮道歉，不主動表示善意，不拿出修好的誠意，必定會使人失望。

此外，若光有表面的主動，缺少實際行動，勉強應付，或是只想藉虛情假意的言行暫時討好，則非但不能奏效，更會進一步傷及友誼。

切記，主動和好不等於軟弱，而是對友誼的眞誠和珍重。

•及時妥當

摩擦產生並導致裂痕後，彼此往往都需要冷靜思考、沉澱思緒的時間和空間。這種情況下，你可以請另一位好友做一些居中協調的工作，但不能逃避現實、一拖再拖，不去應對，以免因爲間隔太久導致裂痕過深，無法修復。

不能在做過一兩次主動修好的工作之後，就認爲自己已經仁至義盡，甚至因爲效果不理想感到自尊心受傷，惱羞成怒，再次發起火來。

缺乏耐心，不可能將已經造成的傷害撫平。

‧真正拿出誠意

若是做錯事，一定要主動向朋友表示歉意。

一句眞心誠意的道歉可以使緊張的氣氛迅速降溫，理所當然，你們的友誼也能走過危機，繼續維持下去。

透過書信的形式溝通或道歉，可以更詳盡地表達自己的感情和想法，是傳達心意的一種好方式。由於可以表達得較詳盡，也可以免去當面交談的尷尬。

道歉能幫助你贏得朋友的諒解，但被諒解後如不思改正，還是會再次失去友誼。只有及時、眞正的改正錯誤，才能讓道歉產生應有的效果。

很多人由於不擅處理與朋友之間的關係，致使友情夭折，甚至幾十年的老交情也毀於一旦，數十年的心血付之東流。沒有人不希望自己與他人的友誼能夠長久，但眞正要達到目標卻不是那麼容易。

懂得一些保持友情、暢通溝通的竅門，就可使生活少些悔恨。

溝通要成功，少不了尊重包容

不善於理解人的處世之道，正是導致溝通失敗，無法贏得他人好感的一項重要因素。

一個人可能有很多朋友，卻未必能得到眞正的知己。

「相識滿天下，知交能幾人」，這句話突顯出知己的珍貴，畢竟知己乃知音，相互理解，才能稱得上知己兩字。

從古至今，幾乎沒有人不重視並渴求友誼。能夠意氣相投，心意不必說完全對方就能知曉，不過剛彈出第一個音符時，對方就能接續之後的曲調，該是多麼美好的事情啊！

爲什麼白居易會發出「同是天涯淪落人，相逢何必曾相識」的感歎？歐陽修被貶後，何以寫下「人知從太守遊而樂，不知太守之樂其樂也」的感傷之詞？正是因爲身邊沒有知音，無人能夠傾聽心中的愁苦思緒。

《世說新語》記載著一段割席絕交的故事。

管寧和華歆曾經同坐在一張席子上讀書，此時一個坐著車子、戴著禮帽的顯貴人物從門口經過，管寧照舊讀書不誤，華歆卻放下書本，走出去觀望。華歆回來之後，管寧當著他的面割斷席子，將座位分開，說道：「你不是我的朋友。」從此和他絕交。

人們歷來讚賞管寧品節高尚，但從處世之道上看，他僅因爲華歆小小的「富貴之嫌」，就無規無勸、輕而易舉地「廢」掉了在人生中佔有重要地位的友誼，也未必可取。

從今天的眼光來看，管寧以高標準要求自己固然很好，但對朋友似乎太苛求了些，期望値實在太高。

伯樂彈琴，音調高昂激越，砍柴人鍾子期聞聲駐足，歎道：「巍巍乎高山。」伯樂又奏出奔騰迴盪的旋律，鍾子期說：「潺潺兮流水。」兩人於是成爲知音。這段故事，可說無人不知、無人不曉。

情投意合、志同道合是友誼的最高境界。

交友時，我們固然推崇純粹的心靈交流，但也要理解一點：這樣的「高層次」知音，也許終生不可遇也不可求。

與人交往，不能一味要求對方在各方面都完全吻合自己的要求，只要取其中志同道合、情投意合的部分，便可建立友誼。即便對方做不了知己，也可以當一般朋友交往。

我們平常所講的謹慎擇友，只不過是爲了避免與那些兇惡、有破壞性、心懷不軌的人交往，而不是一廂情願地把自己的標準套在別人身上，提出過於苛刻的不合理批評或要求。

有一天，有一位女士遇到一位資深作家，苦著臉抱怨道：「我至今未找到知音，周圍的人都不喜歡我，我真不知道自己究竟做錯了什麼。你經常寫文章，應該看得比較多，能為我出點主意嗎？」

聞言之後，這位作家仔細地打量了一下這位女士，外表雖然不是多漂亮，但並不惹人生厭，應該不至於找不到好朋友。交談以後，作家發現她善於動腦，人也活潑，各方面條件都不錯，但有一個不足，即不善於理解人，對周圍的人與事，往往以自己的觀點與思想意識去猜度，以至於阻礙了與外界的順暢溝通。

事實上，這種情況並不少見，很多人都會自覺或不自覺地固執己見，導致溝通不良、人際關係緊張。

例如，我們經常可以聽到這樣的議論：「她眞是一點眼光都沒有，穿那衣服難看死了！」「怎麼會挑這種人當丈夫呢？眞不知道是怎麼想的。」「我最看不慣的就是這種行爲！」

爲什麼會說出這樣的話呢？

究其原因，在於議論者只從自身的立場上去看待他人的一言一行，只以自己的好惡為標準。一旦他人的思想、語言、行為與自己格格不入，就認為不可理解，甚至產生反感，並加以非議。

殊不知，這種不善於理解人的處世之道，正是導致溝通失敗，無法贏得他人好感的一項重要因素。

世界是繽紛多彩的，世上的事物自然複雜多變，人的思想與見解不可能得到絕對的統一。以理解與尊重的態度展開溝通交流，是人與人間良好相處的基礎，若是失去，友誼必定難以繼續。

保持適當距離，情誼更美麗

與人互動、溝通時，還是應該秉持「害人之心不可有，防人之心不可無」的態度，付出真心同時，適度地畫出防線。

友情就像彈簧，必須保持適度的距離，並給予適度的拉伸和壓縮，才能使它保持永久的彈性。

保持適當距離是維繫人際關係的要素之一，即便是有著親密關係的好朋友也不例外。成爲好友，只說明彼此在某些方面具有共同的目標、愛好或見解，並不能代表你們可毫無間隙地融爲一體。

任何事物都擁有獨特的個性，與他人的共性則存於個性之中。可以說，共性是友誼的連接與潤滑劑，個性和距離則是讓友誼保持生命力的根本。

「金無足赤」，人性的瑕斑也會在友誼的光環中出現，過近的距離、過深的瞭解，將使你發現到對方人性中自私甚至卑劣的一面。於是，被欺騙感和不忠實感逐漸產生，使你對友誼感到懷疑，從而導致了冷淡和爭執，致使根基動搖，彼此關係再難恢復到原來的美好。這時你必會懊惱：爲什麼要盲目地拉近距離，破壞曾經的美感與自在呢？

人生在世，一輩子都在不斷地交新朋友，但新朋友未必比老朋友好，失去友情更是人生的極大損失。

因此，必須記住：一定要與好友「保持距離」，不要讓過近的距離帶來溝通不良的後果，造成遺憾。

交友的過程，往往就是彼此氣質相互吸引的過程，因爲兩個人擁有「共識」，得以越過鴻溝成爲好友，甚至「一見如故，相識恨晚」。

這種現象，無論在異性或同性間都會發生，但無論如何，雙方之間總有差異，因爲彼此來自不同的環境，接受不同的教育，人生觀、價值觀再接近，都不可能完全相同。

當初識到熟識的「蜜月期」一過，便無可避免地要碰觸彼此的差異，這時候，若不懂得調適，就會產生摩擦不快。

人性就是如此矛盾，得不到時總想得到，未靠近時總想貼在一起，但眞正得到和靠近後，卻又太過苛求，處處不滿意，傷害他人也傷害自己。

好友間的相處，其實和夫妻有些類似，就算只是一件芝麻綠豆大的小事，也可能造成兩人之間感情的破裂。與其因爲太接近而彼此傷害，倒不如「保持距離」，以策安全。

「保持距離」，簡單來說，就是不要太過親密，留給彼此一些私密空間。無論雙方多麼熟悉，仍要守「禮」，保持應有的尊重。「禮」所扮演的角色，便是防止因碰撞產生傷害的「海綿」。

朋友相處，應當重視的是感情上的相互理解，以及遇到困難時的互相扶持幫助，而不是瞭解一些太過細微、沒有必要知道的事情。有些人爲了表示對朋友的信任，貿然把自己的一切和盤托出，無疑是一種錯誤、輕率的溝通手段。若是不幸碰上居心不良、懷有歹意的人，就會招致麻煩。

另外，還有一點必須注意，就是不要任意在朋友面前議論他人是非。如果你的朋友是個通情達理的人，必定會適時勸告你、開導你，告訴你隨便議論他人的壞處。如果不巧這位朋友是個好惹是生非的人，很有可能把你的話傳出去，甚至誇大事實、添油加醋，有意挑起衝突，引來對方的怨恨，讓你舉步維艱。

與人互動、交往時，還是應該秉持「害人之心不可有，防人之心不可無」的態度，付出眞心同時，適度地畫出防線，保持應有距離，讓彼此的感情在良性環境下發展茁壯。

人際間的爭執，處理要明智

無論狀況多麼嚴重，都會有解決的方法，因此不該逃避問題，要以積極態度展開溝通，以求消除分歧，達成共識。

朋友相處，難免會碰上一些「麻煩」，如爭吵、彆扭、意見不合、經濟糾紛等等。如處理不好，就會造成友情破裂，甚至反目相向；處理得及時妥善，則多半可盡釋前嫌，和好如初。

糾紛的產生是正常的，能否及時妥善處理最爲重要。

與朋友發生爭論時，正確溝通態度應該是「求同存異」。「求同」，以在爭論中提高自己的論點可信度；「存異」，以客觀容許多種不同的看法存在。

無論如何，切記不要正面衝突，並應致力於緩和氣氛。畢竟正面衝突多半無益於溝通，徒然使雙方都感到難堪，下不了台。

如果不幸和朋友間出現爭論，必須秉持這樣的態度：針對重要原則問題，可以心平氣和並開誠佈公地討論，若只是細枝末節的東西，大可不必浪費力氣，非要爭個你死我活，分出勝負不可，因爲這麼做沒有意義。

即便是親密的朋友，因見解殊離產生對立也是正常不過的事情。分歧產生難免導致某種程度上的疏離，這時候，若想繼續維持彼此的情誼，就該遵循以下原則，主動和朋友溝通。

・繼續保持忠誠和信任

不要因爲觀點存在分歧而詆毀對方，這是沒有氣度的行爲。基於道義，你還是應儘量維護朋友的威信、觀點，幫他說話。

・暫時拉開距離

儘量使雙方的分歧維持在「冷凍」狀態，讓時間和事實來證明究竟誰是正確的，

誰是錯誤的，避免讓糾紛繼續擴大。

・保持平等和尊重

不要固執地認爲自己的想法一定是對的，別人一定是錯的，更要記住一點：朋友之間沒有高低之分。就算自己眞的是對的，也要給對方應有的尊重，千萬不可表現出得理不饒人的尖銳態度。

・積極尋求解決之道

時間愈久，分歧可能導致的副作用就越大。

無論狀況多麼嚴重，都會有解決的方法，因此不該逃避問題，要以積極態度展開溝通，以求消除分歧，達成共識。

沒有化解不了的僵局

在與朋友相處過程中採取主動，不但不會損及面子，反而更能顯現出自己的大度和寬容。

爭執是友誼的一大殺手，因此在平日就該要求自己保有冷靜態度，並提高修養。而在糾紛發生後，則該以寬容、積極的態度釋出善意，透過成功的溝通修復彼此的感情裂痕。

與朋友建立關係不是容易的事情，卻往往因爲一點點小彆扭就完全毀掉，實在非常可惜。

若是與朋友發生糾紛，已經不是三言兩語能夠化解，且陷入進退兩難的嚴重僵局，可採取以下溝通對策：

・保持冷靜

第一要務是得讓自己激動的情緒穩定下來，因爲只有冷靜才可能保持理智，客觀地、實際地與對方修好。

若在氣頭上，絕對記得不要貿然行事，以免後悔。

・自我反省

實事求是地反省，分析自己的責任，不推諉，不放大，有一是一，有二是二，對的堅持，錯的改正。

特別注意，看待自己的缺點、錯誤和失誤，不要抱著得過且過，過度寬容放縱的輕率態度。

・不翻舊帳

能做到不翻舊帳，才眞正具有度量。

不論雙方鬧僵的原因是什麼，都應予以諒解，萬不可在這些細節小事上爭個半天，互揭瘡疤，最後惱羞成怒。

要有不翻舊帳、不揭人短，「過去就過去吧」的氣概。

一般說來，原本關係密切良好的一對朋友會鬧僵，絕對是雙方都有責任，只在程度大小與情節輕重的差別而已。

因此，無論如何都應當主動承認錯誤，去和對方溝通，設法和好。

在與朋友相處過程中採取主動，不但不會損及面子，反而更能顯現出自己的大度和寬容。換個角度來看，採取主動較容易使人感動，更有利於成見的消除，使重修舊好獲得成效。

審慎應對棘手的經濟糾紛

> 雙方坦誠相待，拿出誠意和善意，還是能夠達成一致的解決共識。抱持光明磊落態度，相信沒有解決不了的問題。

談錢容易傷感情，這似乎已經成了不變的「定理」。與朋友、特別是要好的朋友間，最好儘量減少經濟上的往來。千萬別以爲借點小錢沒關係，試想，若你向朋友借錢，但最後還不了或沒按約定時間與數額歸還，可能導致什麼樣的結果？

毫無疑問，絕對會影響今後的長期交往。

隨著社會變遷，人際關係越來越複雜，朋友之間出現經濟糾紛的例子屢見不鮮，一定要審慎應對。

若與朋友產生金錢經濟上的糾紛，應把握以下原則：

．對症下藥

糾紛發生之後，一定要確實把原因弄清楚，看看是不是有什麼誤會存在於彼此之間，導致溝通不良。

另外要記得「親兄弟，明算帳」，大可把經濟往來的帳目全部向朋友交代清楚，讓他相信你沒有不可告人的隱情。

．堅決按約定或契約辦事

若事先已有口頭約定或是白紙黑字的契約，就該遵照以解決糾紛，因爲這是最好的憑據。

不要讓私情主導一切，否則極有可能導致之後更大的困擾。

．共商解決辦法

當經濟糾紛發生，固然不可輕率面對，不當一回事，但也無須抱持太過悲觀消極的態度。

只要雙方坦誠相待，拿出誠意和善意，還是能夠達成一致的解決共識。抱持光明磊落態度，不企圖欺詐、惡意使壞，相信沒有解決不了的問題。

・請求仲裁

若嘗試過各種方法後，雙方仍無法達成共識，找不出合宜的解決途徑，就只能訴諸仲裁機構或法院，按照有關法律或規範解決。但除非別無選擇，建議不要輕易採用這種辦法。

「渡盡劫波兄弟在，相逢一笑泯恩仇」，透過這句話彰顯出的氣度，相當值得我們學習。

當站得更高，看得更遠，你就會發現朋友之間種種不快和誤解都是微不足道的小事情，實在不必要耿耿於懷或者斤斤計較。

相互尊重，有利於溝通

人與人之間的溝通交流都是相互的，投之以桃，才能報之以李。要想贏得真正的友誼，首先要懂得寬以待人的道理。

很多人與他人交往時，常常產生一種錯誤的想法，認爲好朋友之間無須注重繁文縟節，越簡單越好，因爲彼此已經相當熟悉，親密無間，還講究太多就顯得過於見外了。

其實，這種想法是不對的，友誼的存續應該以相互尊重爲前提，不能有半點強求、干涉和控制。

再親密的朋友，也不能隨便過頭，否則維持友誼的默契和平衡將被打破。與好朋友相處仍要保持客氣有禮，才不至於傷了彼此的面子與和氣。應對客氣一些，就不會輕易踩到對方的禁區。若是過於隨便，自然容易引起隔閡、衝突。如果事出偶然，還好解決，一旦形成慣性，雙方必定會一而再再而三地發生不愉快，導致關係疏遠，友誼淡化甚至惡化。

無論是多好的朋友，仍要保持應有的尊重，講究必要的禮節，才是正確的交流之道。

現實生活中，任何一個人都免不了有缺點，因此更不該對他人苛求，強硬地要求別人按照自己的想法做出改變。一味堅持己見不僅不能達到願望，還會導致雙方關係緊張。

林肯曾說：「對人要以仁慈為懷。」這句名言之所以一直流傳到今天，自然有它的價值與道理。

林肯年輕的時候，待人處世不夠謹慎，甚至有些任性。他不但常常寫信指責別人，有時還故意將信扔在鄉間的道路上，讓路人拾起、散佈。

後來有一次，他在《斯普林日報》上發表了一封匿名信，嘲諷一位政客，沒想到對方不是好惹的，看到這封信後火冒三丈、怒不可遏，馬上騎著馬找上門，揚言要與林肯決鬥，拚個你死我活。

林肯透過這件事情吸取了寶貴的教訓，從此，他非但再也不寫挖苦別人、傷害別人的信，也不再嘲笑或指責旁人了。不僅如此，還經常告誡身邊的朋友：「不輕易指責別人，自己也就不會受人譴責。」

「不輕易指責別人」成爲林肯最偉大的優點之一，值得借鑑。將「不輕易指責別人」的觀念套用在現代社會，也可以理解爲「不苛求別人」。畢竟我們每一個人都存在著一定的不足，不能做到某些事、達到某些目標，又怎麼能苛求他人呢？

人與人之間的溝通交流都是相互的，投之以桃，才能報之以李。要想贏得眞正的友誼，首先要懂得寬以待人的道理。

別因觸犯禁忌傷害了珍貴友誼

想與朋友保持牢固的友誼，就該時時提醒自己，避免踏入溝通的禁區，觸犯交際的大禁忌。

要想與自己看重的朋友保持長久的友誼，就要儘量減少犯錯或觸碰禁忌的機會。避免讓朋友感到被冒犯，可說是維持友誼、暢通溝通的基本。

若感到與朋友的交往出了問題，請先靜下心來檢討自己，是否犯了以下幾項容易導致溝通障礙的毛病？

- **不顧隱私**

無論你與某位朋友之間的關係再好，也不能亂動對方的東西，刺探對方的隱私。

朋友之間也分彼此，必須保持應有的尊重。

朋友之物，不經許可絕不可擅用，否則朋友就算礙於情面不當面說破，內心也會產生厭惡、防範心理，自然而然破壞了雙方的友誼。

‧不拘小節

與朋友相處，應力求談吐大方，不矯揉造作或輕慢無理。

如果在朋友面前表現得過度不拘小節、不懂自制，將會使對方感到你粗俗可厭，從而產生輕蔑、反感等負面情緒。

有些人和朋友相聚時，容易信口雌黃，在朋友說話時肆意打斷，譏諷嘲弄，或顧盼東西，一旦出現這種情況，再親密的朋友也會覺得你缺少風度和修養，難免感到輕蔑。所以，在朋友面前應要求自己表現得自然而不失自重。

‧沒有信用

一個沒有信用的人，會使人感到不可信賴，甚至因此失去友情。若是連小小的承諾都無法履行，又怎麼能讓人相信呢？

有時候，對於朋友提出的要求，你可能習慣性地想也不想就爽快應承，事後才發現無法完成，只好失信於人。

你可能根本不把這樣的「失信」當作一回事，認爲朋友必定能夠理解，但事實上並不盡然如此。

你若經常讓朋友掃興、失望，即使他們不當面指責，也會在心裡責怪，認爲你是個不守信用的人，並逐漸疏遠。與朋友交往，一定要重信守諾。

●不識時務

去朋友家拜訪，若遇上朋友正忙於其他要事，或正接待重要客人，千萬不要自恃熟稔，就不分時間場合誇誇其談、喧賓奪主。一旦做出這樣的事情，必然會使對方的印象大打折扣。

行事、言談一定要顧及場合，根據情況做出最合適的選擇，千萬不要讓對方對自己產生反感。

●言語刻薄

有些人喜歡在大庭廣衆之下炫耀自己，不惜將朋友的短處或痛處抖出，亂用尖刻詞語，盡挖苦、嘲笑、諷刺對方之能事，以博取衆人的注意。

可想而知，這種行爲會導致什麼樣的後果。若僅爲了一時的歡樂，落得得罪朋友、失去友誼的下場，實在太得不償失。必須切記，無論在任何場合、爲了任何目的，都千萬不可隨意譏笑朋友。

●固執己見

朋友相處，要懂得互相取長補短，向對方的優點學習，將所有的好意見充分採納。如果抱著驕傲態度，認爲自己無所不能、無所不知，輕視朋友的提議，必然會傷到朋友對你的感情。

不論中聽與否，朋友的提議都是本著好意爲出發點，你若冷淡不領情，會讓對方認爲自己不被放在眼裡，感情便會漸漸疏遠。

換個角度來想，多聽朋友的勸沒有壞處，畢竟再聰明的人也有疏忽的時候，多一個人幫助，看事情往往能更透徹，訂出的策略也會更高明。

正確地與朋友溝通，是加深友誼的根源。友誼可以很牢固，也可以很脆弱的，端看自己經營的態度是否仔細。想與朋友保持牢固的友誼，就該時時提醒自己，避免踏入溝通的禁區，觸犯交際的大禁忌。

07

如何與難纏的上司相處

跟你每天相處八小時的上司，與你的性格有衝突嗎？無論如何，你必須在表現自己之餘與他相處融洽。

和上司保持良好的互動

先反省一下，平時你的表現是否欠缺熱情而獨立精神呢？你和上司之間的互動是否融洽暢通呢？

眞正成功的人，不是光只有能力、肯努力的人，而是明白自己置身什麼環境，懂得放下身段，利用別人的力量讓自己達成目的的人。

每個人剛進入新的工作環境，都會夢想自己可以遇到心胸寬闊的好上司，凡事肯細心教導，遇到升遷機會也肯讓自己出頭。

可是，相當遺憾的，日子一久，大部分的人會發現自己在工作上全無進步，而上司似乎也無意提拔自己擔當更重要的職務。

遇到這種狀況，不必鬱悶生氣，而要先反省一下，平時你的表現是否欠缺熱情而獨立精神，凡事都依賴上司，無法自己做決定呢？

也請反省一下，你和上司之間的互動是否融洽暢通呢？

雖然，不少上司喜歡溫馴乖巧的下屬，使自己擁有一定的權威，但是在涉及公司利益的事務方面，假使你總是表現得愛理不理，或難以獨當一面，他又怎麼敢冒險委以重任呢？

所以，平時要展現熱忱，當你遇上可以解決的小問題時，應該放膽依照自己的主見去辦理，不要以爲凡事請教上司是尊重他的行爲，如果你能夠在某些方面表現得體，他會更加開心。

上司有他的工作範圍，也有更重要的事情需要處理，所以你不用大小事都去請示，至於影響層面廣泛的重大決策，當然應該和上司事前多商量，並定時告訴他工作的進度。

有一點必須記住，當你與上司意見分歧時，不能因爲自己的建議遭到否決而抱持敵對態度。

你應該尊重他，以他的意見爲最終決定，畢竟你並不十分清楚他的思考模式，況且最後必須承擔責任的人是他，而不是你。

此外，要主動去承擔更多工作，自己去決定執行的方法，眞的遇到無法解決的難題才請上司提出意見。

讓上司看到你積極獨立的一面吧！

身爲一個想要力爭上游的上班族，性情要像陽光一樣開朗，態度要像微風一樣輕柔，這點對於升遷相當重要。

有的人見到上司或者是大老闆，一舉一動都不自然，而且會儘量與他們保持一定距離。如此持續下去，彼此的距離會愈來愈遠，對自己實在太不利了！

一者，上司永遠不會瞭解你，有好的職缺也不會想起你。再者，你給上司的唯一印象，無疑是怕事和不主動，這將是一大致命傷。

應該和上司維持友善融洽的互動氣氛，彼此才可能合作愉快。

除此之外，也應該注意上班時間以外的應對。卸下了工作的包袱，人與人之間的相處自然會變得輕鬆，各種本能也會表露無遺，因此，對於下班時間的應酬，你只須將上司當成一般同事看待，應對進退就會變得自然了。

這時，你只需表現應有的禮儀即可，不必太過拘束。在悠閒之中，互相溝通較容易，更可以在不知不覺間與上司熟絡起來，進而了解他的思考模式與行為準則。

放下一些不必要的矜持，如果公司的聚會你都拒絕參加，會讓上司覺得你孤僻、不合群，這雖然看似小事，卻是上司評估部屬的重點，很可能對你能否在競爭中脫穎而出產生負面作用！

如何博得上司的歡心

每個人都有長處和優點，可以針對上司的優點大加讚美，如果你懂得稱讚上司，那麼他對你的好感也會直線上升。

有人認爲專門說奉承的話是厚顏無恥的行爲，有事沒事恭維上司就是拍馬屁，事實上，這是錯誤的觀念。

出自眞心讚美別人或恭維別人，是與上司、同事交往最好的潤滑劑，我們的內心不也時常希望別人能發現我們的優點，並且加以讚美嗎？

獲得上司好感是相當重要的事，方法其實也很簡單，那就是說話辦事恰到好處，不忘發現上司的優點，然後認眞地加以讚美。

當然，當著上司的面直接誇讚，雖然也是一種奉承上司的方法，卻很容易招致周圍同事的輕蔑。與其如此，倒不如利用上司不在場的機會，在其他同事面前誇獎上司，這樣一來，別人不會認爲你在曲意逢迎，而且這些讚美總有一天還是會傳到上司耳中的。

讓讚美的言詞從自己的嘴裡流傳出去。每個人都有長處和優點，我們可以針對上司的優點大加讚美，當然倘若有人對此不表贊同，甚至發出批評上司的言論，也不必爲此爭辯，因爲這都是個人的主觀看法！

對週遭的人都不要吝惜自己的讚美。一件西裝、一條領帶，甚至看到對方露出心情好的時候，都可以適時讚美。

不過，這些讚美應該用親切而穩重的語言表達，如果以誇張的語氣表達，無疑會得到反效果。

如果你懂得稱讚上司，那麼他對你的好感自然會直線上升。

和不同部門的人在一起彼此比較沒有警戒心，比較容易得到一些內幕消息。這

種情報往往對上司是非常有價值的，經常收集這種情報給上司，也是一種博取上司歡心的好方法。

此外，對上司偶爾吐露的話要牢記，並在恰當的機會中加以實踐。

例如，上司不經意說：「聽說，有個基金會最近要舉辦一系列管理講座，有機會的話眞想去參加，不過，我不知道他們邀請的主講人和時間表……」這時，你不妨抽空上網，下載一份上述的行程表給上司看看。

雖然，有時候上司的話和工作根本扯不上關係，可是如果你記得他的談話內容，在可能的範圍幫他一點小忙，他會感到很高興。

雖然上司說這些話時並不期盼部屬來做，甚至沒有一絲絲渴望的語氣，可是下屬很認眞地把它成一回事，是很討人喜歡的行徑。將上司無意間的談話當眞地予以實現，這是博得上司歡心最快速的做法。

如何與難纏的上司相處

跟你每天相處八小時的上司，與你的性格有衝突嗎？無論如何，你必須在表現自己之餘與他相處融洽。

人總是這樣，有足夠條件不工作的人，老是唱高調說「樂在工作眞好」；不得不工作的人卻總是唉聲嘆氣，尤其是遇到難纏的上司時，更不明白工作到底有什麼好，有什麼快樂可言。

其實，上司只是個和你我一樣的普通人，也有七情六慾、情緒、脾氣、偏好……等等性格特點。因此，聰明的你，應該以接受訓練的正面態度了解上司個性上的缺失，設法與他和睦相處，然後超越他們。

讓上班族覺得難纏的上司，大致上分爲以下四種類型。

1. 暴躁型的上司。

有些上司天生脾氣暴躁，情緒容易失去控制，常常會爲了一些瑣碎的小事大發脾氣，甚至公開斥責下屬。

心理學家指出，試圖透過發怒讓下屬感到害怕的上司，有兩種情形，一是權力慾望作祟，二是焦躁不安的情緒發洩。

因此，當上司大發雷霆時，不要試圖在他面前辯解或推卸，而要可憐他的心理狀態，只需說：「我先去了解這個情況」或「我立刻去調查」，然後趁機離開暴風範圍。一旦喪失咆哮的對象，他就會慢慢回復理性。

2. 優柔寡斷型的上司。

當你的上司是一個朝令夕改的人，往往教你不知所措，讓你體會到「上班族眞辛苦」的滋味。

不過，只要以他爲借鏡，這將會是你充實自己的大好機會。

其實，遇到這樣的上司，最好的方法是，什麼行動都遵照他的意思，但是要有隨時改變的心理準備，凡事未到最後期限，就不必確實執行，例如做企劃書，只要做好草稿，這會是比較聰明的做法。

總之，先進行各項評估，等他做了最後的決定才開始行動。這對訓練自己的邏輯推演與應變能力會有很大的助益。

3.極權型的上司。

極權型的上司除了對下屬的工作吹毛求疵外，最讓人討厭的是他們會如暴君一樣，連下屬的私事也要過問，例如不准部屬跟其他部門的同事交往，不准部屬下班時間與同事一起消遣……

極權是因爲內心感到不安穩。面對這種上司，精明的做法是與其他同事聯合，進行一場「寧靜革命」，試著改變他的觀感。例如，遇到其他部門的同事邀約共進午餐，不妨禮貌性地邀請你的上司一起赴約，強調這樣於公於私都可以交流。還有，下班後邀請他去娛樂一番，也是不錯的做法。

人是感情的動物，或許起先他會推拒，幾次之後就不便拒絕。從這樣的交流中，可以讓他清楚知道，不會有人對他的職位造成威脅。

4. 懶散型的上司。

如果遇上懶散又喜歡爭功的上司，你就萌生去意，有另謀高就的想法，只是消極的做法，而且，一遇困難就退縮，注定你難登成功階梯。

一般而言，這類上司在接到重大任務時，必是不假思索就交給部屬去實行，當任務大功告成，他又會一手接過，將別人辛勤汗水全都抹煞，一切當作是自己的努力成果，爭取老闆的信任和讚賞。

因爲你是下屬，當然不能當面拆穿他，或是跟他理論，和上司發生爭執只會陷你於不利境地。比較妥當的做法是，在每一個步驟進行時找一個見證者，當然不是公然地去找，而是有意無意進行。

例如，在秘書小姐面前進行，目的是要有人知道事情的來龍去脈，即使最後功勞給上司奪去，但在公司裡有人知道眞相，便會一傳十，十傳百，這樣你的目的就可達到。

每個人都有自己的性格，跟你每天相處八小時的上司，與你的性格有衝突嗎？無論如何，你必須知己知彼，在表現自己之餘與他相處融洽。

讓上司知道盲目工作不是好事

再枯燥乏味的人也會有一兩樣興趣，不妨邀他一起從事他最喜歡的事，如此一來就可以稀釋掉他的工作時間。

要在辦公室維持和諧的人際關係，控制自己的情緒是很重要的。但是所謂的控制，並不表示就要壓抑自己的情緒，而是以理智的言行抒發、表達自己的意見。畢竟，一個人在憤怒的情緒中所做的決定，往往會在怒氣過後感到後悔。

所以，在與上司相處的時候，爲了避免錯誤的決定所造成的遺憾，我們必須隨時提醒自己保持冷靜及平和的心情，那麼久而久之，就能慢慢變成一種習慣了。

根據一份調查資料，上班族覺得最難應付的上司之一是工作狂。遇到上司是個工作狂，你一定整天活在工作的地獄，因爲在他們心中，認爲不斷工作才是一種生活方式，每個人都應該如此。可是，如果你天天超時工作，連周末、周日都要陪著他上班工作，又有什麼人生樂趣可言呢？

要改善這種情況而又不影響自己的飯碗，就得控制自己不滿的情緒，以理智的方式小心行事。

首先將工作量分析一下，看看是否有哪些事可以交由臨時僱員工來做，這是可以立即減輕你的負擔的辦法。

想找臨時僱員減輕壓力，得想一套冠冕堂皇的理由，千萬不要提及工作量過大，或你完全失去私人生活。試著向上司解釋，多添一個臨時員工，會更有效率，將有助任務的進行，對公司絕對有好處。

其次是，開始減少假日的工作，倘若上司問你，不妨裝可憐，告訴他你家裡有重要事情需要處理，如果他表現不悅的神情，那麼你就誠懇地向他說自己會在正常工作天補救。

每個剛進入公司工作的人，大都不介意超時工作，樂於承擔更多的任務。可是，你會漸漸發現工作沒完沒了，超時工作根本不是解決的方法。

最可怕是，萬一你的上司是個理想主義者，工作就是他的生命，你就會很難有閑下來的時刻，這時候，你得設法脫身，或是和其他同事聯合，再進行一場「寧靜革命」，試著改變他的價值觀。

再枯燥乏味的人也會有一兩樣興趣，不妨投其所好，找各種藉口或利用各種機會，邀他一起從事他最喜歡的事，如此一來就可以慢慢稀釋掉他的工作時間，自己也可以在忙碌的工作中喘一口氣。

等到時機成熟了再教育上司，讓他明白，不斷埋頭工作，犧牲掉私人時間，並不是聰明和應該的做法。

化解自己與上司之間的衝突

有時候，看似與自己格格不入的上司，其實是可以透過溝通而加以改變的，因此，不要急著用情緒解決彼此的衝突！

假使你遇到的是不可理喻的頑固型上司，通常不管你如何努力向他解釋自己的做事方法，他都一概不理，要你一定要依他的方法去做，只要稍拂逆他的意思，他便暴跳如雷。

這樣的上司無疑會令你精神緊張，整天心煩意亂，甚至想以辭職作無言的抗議，逃避他的迫害。

怎樣才能令這種頑固的上司，願意聆聽你的意見？

以下有些忠告，不妨耐著性子嘗試一下。

首先，要保持冷靜客觀。不要以爲自己的辦事方式及建議一定正確，試著去了解上司的思考邏輯與決策模式，與他談話時語氣必須溫和，態度儘量客觀，不妨多做讓步。

萬一眞的理念不合，在環境許可的情況下，儘量避免在辦公室跟上司展開激烈的爭辯，應該在下班後請他到附近的餐廳喝杯咖啡，在輕鬆的環境下，把你的看法委婉地提出來。

溝通的時候，你要專心聆聽上司的說法，避免搶先表達自己的意見，或許他可能有著難言之隱，你應該學習替他設身處地想一想。

只要摒除自己的成見，不要以爲上司必定是頑固的人，儘量與他溝通交流，你就會發現其實他並沒有想像中那麼難纏。

有些上司喜歡以管家婆的姿態出現，不僅事事過問，還會插手干預，令負責推行工作計劃的部屬感到很苦惱。

這種上司，表面上似乎相當開明，實際上他是一切工作幕後的策劃者。對他來說，下屬只是他獲得成果的工具，他的意見就是命令。

如果你的上司是這類型人物，在辦公室裡，你必然感到精神緊張，很難從工作中獲得成就感。

你想與這樣的上司好好相處，首先你要仔細想想，你是否能從對方的工作方式中獲益良多？

你不妨找機會溝通，試著說服他，就算你以自己的方法做事，結果也會像他所預期的那樣美好。

如果他一意孤行，那麼你只有兩個選擇，一是對他唯命是從，或是向他遞出辭呈，另謀發展。

不過，當你採取最後的行動之前，應該努力爭取自己的權益，鼓起勇氣對上司說出自己心中的話，嘗試以朋友方式相待，看看他究竟有什麼憂慮，導致總是對下屬缺乏信心。

開誠佈公永遠是最有效的方法，或許他聽了你的肺腑之言後，會試著調整自己的作風也說不定。

最低限度，在一些次要的事情方面，也許他不會再堅持己見。

每個人都有一些性格上的缺點，有時候，看似與自己格格不入的上司，其實是可以透過溝通而加以改變的，因此，不要急著用情緒解決彼此的衝突，先試著與他相處融洽吧！

先做一個稱職的部屬

在你所在的部門裡，總能得到較大的發言權，表示公司有可能會重用你了。假如一直缺少權力和肯定，表示公司沒有想到要提拔你。

在辦公室裡，想要獲得升遷，千萬不要忽視學習當下屬應有的準則，因爲學習如何與上司相處，是自己升遷的基礎，也是一門大學問。

人際關係在任何機構中都很重要。在職場中，不論你是經理或職員，你成功的關鍵就是打好人際關係，讓高層和管理部門知道有你這個人，並表現出精明、老練的工作態度來。

仔細想想，公司裡的高級主管或老闆是否知道你做了什麼傑出的事，或對你有較高的評價嗎？

大多數人都認爲，如果表現好，遲早會傳到老闆耳中的。可惜，事實往往不是這樣的，很多人自以爲表現得相當出色，但別人根本不知道。

在這方面處置得當的人總會設法表現出自己很稱職的樣子，設法讓別人看到自己的工作態度。高級主管往往會把這樣的人看作是嶄露頭角的優秀人才，以及公司重點培植的對象。

無論你是秘書、辦事員，還是一個中層經理，你的頂頭上司既可以助你成功，也可以摧毀你的前程，既可以讓你顯得精明強幹，也可以使你看來很不稱職。這主要在於上司給不給你發展、表現的機會，讓不讓你顯露才華。

如果你的頂頭上司，不讓你出席那些可讓高級主管知道你的會議，而你又無法擺脫他的壓制，那你該考慮是否要離開這個職位。

當你的上司不讓你發揮你的才能、不重用你時，你是否想過，可能是你對他構成威脅的嗎？

人性是自私的，當你的上司受到你的才華威脅時，一定會找你的麻煩，處處進行打壓。在這種情況下，讓你顯現出自己價值的那些特性反而有可能對你不利。因爲你越能幹、越出色，你的上司就會覺得是一種威脅，也就越想使你無法得到較快的晉升。

你工作出色對上司構成威脅，就你來說，固然是一件很糟的事，但如果你碰上了一個總是將你的功勞佔爲己有的上司，同樣不是一件好事。

很多上司會把下屬的優秀報告或計劃偷偷地佔爲己有，對有可能得到晉升的下屬暗中使壞。

如果你發現自己的工作成果被上司竊取了，你就應該好好地思考一下自己在公司裡是否有前途。

當然，你可以就此與你的上司開誠佈公地好好談一談，或許你會得到一些對你有利的答案。但最有可能的結果是，進一步造成你與上司產生隔閡，使他產生更大的威脅感。

在這種情況下，你最好面對現實，認眞考慮是否離開，因爲你可能再也沒有被提拔的機會。

能被提拔的人往往會在他們現有的權限內得到最大的權力，並可能在一定範圍內提高他們的權威。

有希望青雲直上的人總是在公司的重要部門內擔負較多的責任。你是否屬於這種情況呢？即使你只是個秘書或一般職員，但在你所在的部門裡，總能得到較大的發言權，那就要恭喜你了，因爲這就表示公司有可能會重用你了。假如一直缺少權力和肯定，表示公司沒有想到要提拔你。

做一個讓上司喜歡的人

要是你有遠大的抱負，就別斤斤計較你出了多少的力，而應大大方方地把功勞讓給你的上司。這樣，你的上司以後有好處時，自然少不了再給你給你一份。

上司一般都把下屬當成自己的人，希望下屬能忠誠地跟著自己，毫無身段地擁戴並聽從自己的指揮。

下屬不與自己同一條心、可能背叛自己，對自己存有二心，是上司最反感的事。相對的，經常用行動表示你信賴他，敬重他，便可得到上司的喜愛。

上司一般都很賞識聰明、機靈、有頭腦、有創造性的下屬，這樣的人往往能出色地完成任務。

有能力做好工作是使上司滿意的前提，一旦被上司認爲是無能之輩，既愚蠢又懶惰則非常危險。

謙遜是一種美德，尤其是在職場，與上司相處時謙遜是很重要的。

謙遜意味著你有自知之明，懂得尊重他人，有向上司請教學習的精神，可以讓你得到更多支援，幫助你成就自己想要的職位。

對於重要事務，不要吹牛、說謊，因爲當上司發覺自己受騙時將格外惱火，你把他當成傻瓜、笨蛋，他也會以相同的手段加倍報復你。

所以，經由欺騙上司而暫時得到的好感和職位，是不可能長久維持下去的。要知道，喜歡吹牛、說謊的人，是無法得到上司信賴的。

當然，誠實也是一種藝術，一般要考慮時機、場合、上司心情、客觀環境等因素，否則，誠實也會犯錯誤，導致上司的反感和不滿。

現代人大都會追求自己的權益，大多數上司也會考慮下屬對權益的要求，因此太過於注意金錢、利益之爭，並非對你是有利的。

1.如果你喋喋不休地向上司提出物質方面的福利時，超過了他的心理所能承受的壓力時，他便會覺得煩躁。

2.如果這項福利是你極力爭取來的，上司雖然讓步付出，但並非心甘情願，那他心理上會認為你是個格局不大的人，覺得你短視近利。所以，最好的辦法是讓上司主動給予而不是刻意爭取。

在關鍵時刻，上司才有可能眞正地認識下屬。這是難得的機遇，千萬不要錯過表現自己的好機會。當某項工作陷入困境之時，你若能適時大顯身手，一定會讓上司格外器重你。

當上司在感情或生活上出現矛盾衝突時，你若能眞誠地勸慰，也會讓他格外感激，切忌表現得冷漠，這會使上司誤認你是一個無情的人。

提建議時，多注意從正面有憑有據地闡述你的見解，要懂得尊重上司的意見，這樣上司才會尊重你的才能。

對上司的工作提建議時，盡可能謹愼些，仔細研究上司的特點，研究他喜歡用什麼方式接受下屬的意見。性情隨合的上司可以用玩笑性質建議法，嚴肅的上司可以用書面建議法，自尊心強的上司可用稀釋建議法，喜歡接受讚揚的上司可以用褒獎法。

設身處地爲上司著想，有助於體會上司的心境。有的人單獨工作時十分的出色，但當了主管卻顯得一籌莫展，尤其在處理各種關係時感覺十分棘手。這時候，要主動地幫助他分憂解難，在他猶豫不決、舉棋不定時，主動表示理解和同情，並誠懇地幫忙。

想辦法減輕上司的負擔，不僅會令他十分高興，自己也可以趁機實驗將來要如何當個讓部屬擁戴的好上司。

批評上司時，必須要顧及他的面子，不要令他下不了台。

當面頂撞是最愚蠢的方法，批評或建議的方式很多，千萬別選一個明知上司會很不高興的方法。

在正常的人際交往中，千萬不要因爲擔心別人的議論而想盡各種辦法躲避上司。你若希望上司喜歡你、提拔你，那首先就要讓上司看得見你。

讚揚不等於奉承，欣賞也不等於諂媚。讚揚與欣賞上司的某個特點，意味著肯定他的這個特點。

只要眞的是優點、是長處，你就可毫無顧忌地表達你的讚美。

上司也是人，也需要從別人的評價中，瞭解自己的成就及在別人心目中的地位。當他受到稱讚時，他的自尊心會得到滿足，並對稱讚者產生好感。如果得知下屬在背後稱讚自己，便會加倍地喜歡稱讚者。

無論是誰，都會有喜歡聽的話和討厭聽的話，你的上司當然也不可能擺脫這種習性。身爲部屬，你要掌握上司的特點，不要在言談中插入一些上司平時不喜歡使用的詞，這會讓他心生不悅。

此外，對上司的工作習慣、愛好等都要有所瞭解。如果你的上司是一個體育愛好者，你就不應在他支持的球隊比賽輸後，去請教他問題。一般而言，上司最欣賞精明幹練並能預知他的願望與心情的下屬。

很多人在講自己的成就時，往往會先說一段客套話：「這項成績，是大家一起努力的結果」，這種套話雖然乏味得很，卻有很大的妙用，因爲這會顯得你謙虛謹愼，從而減少他人的忌恨。

好的東西，每一個人都喜歡，越是好吃的東西，越捨不得給別人，這是人之常情。要是你有遠大的抱負，就別斤斤計較這份企劃你出了多少的力，而應大大方方地把功勞讓給你的上司。

這樣，你的上司以後有好處時，自然少不了給你給你一份。

不過，做這事時絕不可到處宣傳，如果你不能做到這一點，倒不如不做的好，因爲，自我宣傳總有些邀功請賞、不尊重上司的味道。

雖然這樣做有點埋沒了你的才華，但你的同事和上司總會設法還給你這筆人情債，給你一份獎勵。

不要為了芝麻小事傷害同事

如果你的情緒慷慨激昂，可能會在毫無防備之下說出許多令人心寒的話，讓同事對你產生一種仇恨的心理。

人與人相處最忌諱的就是遇到私心太重的人，一個人如果時時刻刻只知關心自己，對他人的事情不聞不問，那這個人肯定是不會受到大家歡迎的，只有懂得幫助別人，才有可能得到他人的幫助。

因此，你一定記住，把自己融入團體中，把團體的事情當作自己的事情，才會得到他人的認可。

在辦公室中，你應該儘量對每個人保持平衡的關係，也就是說，不要對其中某一個人特別親近或特別疏遠。別人會以爲你們在搞小團體，而漸漸與你疏遠。

你有事要外出一會兒或請假不上班，最好要與辦公室裡的同事說一聲，即使你臨時出去半小時，也要與同事知道。這樣，倘若上司或熟人來找，也可以讓同事幫你一下。

互相告知，既是共同工作的需要，也是聯絡感情的需要，它是建築在雙方互有的尊重與信任上。

偶而說說一些無傷大雅的私事是沒有什麼壞處的。

像是說說你的男朋友或女朋友的工作環境、學歷、年齡及性格脾氣等；有家庭、小孩的人也可以將話題圍繞在這方面。工作之餘，聊聊這些無傷大雅的私事，可以增進瞭解，加深感情。

說話私事，通常表示彼此感情之深，相對的，有話悶著不說，自然表現出人際關係的疏遠。

你主動跟別人說些私事，別人也會向你提他的私事，有時還可以互相幫幫忙；

信任是建立在相互瞭解的基礎上，如果你什麼也不說，什麼也不讓人知道，那別人要如何信任你呢？

當同事帶零食到辦公室請大家吃時，請你不要一概的拒絕。因爲同事間相互請客，是件很正常的事，對此你要積極參與，別冷冷坐在一旁，聲音也不吭一聲；更不要當別人熱心邀請你的時候，你卻一口回絕。這樣，時間一長，別人就會說你傲慢，覺得你難以相處。

每個人都有自己的秘密，因此在與同事交談時，不要主動去詢問他的私生活，因爲能說的他自然會說。有時，別人不留意把心中的秘密說漏了嘴，你也不要想去探聽、問個究竟，因爲這種毫不選擇、毫無顧忌地發問會讓人覺得很討厭。

有些人熱衷於探聽，無論任何事都想瞭解的透徹、弄個清楚，這樣人是不容易有知心的朋友的。

因爲，你就算只是喜歡探聽，並沒什麼目的，別人也會忌你三分。而且，愛探聽別人的私事，是一種不道德的行爲。

與同事整天在一起工作，難免會發生一些不愉快的事情。如果與同事起了爭執時，千萬不要隨意出口傷害同事，因爲，如果你的情緒慷慨激昂，可能會在毫無防備之下說出許多令人心寒的話，讓同事對你產生一種仇恨的心理。

08

讓上司扮演鞭策的力量

人需要外在的刺激，才會產生向前的動力，如果沒有來自上司的壓力，你也就不會有更上一層樓的慾望。

提高說服力，從「七大竅門」開始

任何人都希望能輕鬆地說服他人，但千萬不可誤解說服的本意。它與饒舌之間的差別，絕不僅止於十萬八千里。

留意周遭，必定會發現一種現象：有的人不費口舌就自然具備說服力，而有的人即使滔滔不絕，也找不到願意洗耳恭聽的聽眾。

因此，應該建立一個正確觀念：說服力高低並不取決於能否能言善道，而決定於能否適時說出適當的言詞。

當然，有人天生就具有說服力，但是一般來說，說服力是靠後天的經驗和努力培養出來的，且能夠藉認真的進修、訓練，得到有效提高。

以下，提供提高說服力的「七大竅門」：

• 掌握要點和難點

大部分人都希望能有力地說服他人，在短時間收到效益，但能眞正掌握「要點」者卻非常少。

與其一味威脅或否定，倒不如明白地告訴對方「如果不這麼做，公司就會有危險」、「這樣會給大家添麻煩」、「如此才可以拓展前途」、「必須拉攏他加入我方的陣營」，如此才算符合說服的初步需要。

切記，想不費吹灰之力就說服對方是不可能的，必須徹底檢討自己的意見，表明最低限度的要求。若抓不住意見的重點，不但無法說服對方，反會招致反擊，最終不得不知難而退，無功而返。

要是無法將該說的話明確地表達，一開始就心生膽怯，擔憂著「我眞的能順利說服對方嗎」或「萬一遭到拒絕該怎麼辦」，甚至認爲「對方說的也有道理」，就已失去了獲勝的契機。

說服的基礎不夠穩固，必定想不出「有效說服對方」的手段和方法。在談話展開前先檢查談論的內容是否必要，釐清自己的思緒，然後再開始進行說服，才可能事半功倍。

●掌握對方心理

不考慮對方，只單方面談論自己的事，不但無法打動人，反會顯得疏遠。因爲從感情與理性兩方面來說，強迫性做法會使人在感情上產生不悅，脫離要點則會導致理性上無法理解。

想要讓自己更會說話，首先需要訓練的是「靜聽」。任何人都希望站在說服者的立場，不喜歡被人說服，更有甚者認爲被說服是一種恥辱。若不能使對方保持平靜，消除壓迫感，說服不可能成功。因此，與其自己一股腦地發言，倒不如聽聽對方的想法，從談話內容中謀求進一步了解。

給予對方發表意見的機會，可以緩和緊張氣氛，進一步使他對你產生親切感，更重要的是，能從談話中抓到說服工作的著力點。

那麼，要如何才能讓對方發表意見？

成功的案例告訴我們，不妨先誘導談論感興趣及關心的話題，這對掌握心理有相當大的幫助。

抓住被說服者喜歡的話題，或者最切身的問題，由此找出關心的目標，深入探究，他自然會道出自己的看法，吐露出重要內容。

•周密的論證

不能夠具體表明的要點，不具備說服力。同理，不得要領的要求，也無法得到期望的效果。

對他人有所期望，希望達到目的時，必須藉周密論證確保正確了解。

有些時候，雖然下命令的人知道自己的意思，執行命令者卻不了解，可想而知，結果必定不會太理想。

在工作方面，說服時，要具體地提示計劃、說明理由、內容、完成日期及要求的成果，不如此提出，就很難說動對方去辦，再怎麼激勵，他也不知從何下手。人之所以會有積極意願，是因爲得到充分發揮自身能力的機會。唯有將才智與能力發揮到極致，才能體會到工作的意義。

●發揮他人才智

使對方發揮才智，首先須告知他想知道的事。若欠缺確切的指示，必定會因爲處在不明事理的情況下，導致不滿，破壞和諧。

主動告訴對方「你的立場是……你的行動是……最後的目標是……」明確給予提示，並要求「我想借助你的智慧，請務必盡力」，說服到此地步，多能有效鞏固意願。

越了解情況，越有助於融入，做起事來更容易。例如，明示對方「這件事的結果是」、「你下次應該這麼做」等等，把自己想獲得的結果具體明確地告知，同時應在明示的過程中，應做到廣納建言，提高整體的參與意識。

如此，才能稱之爲周密的說服。

●引導對方

說服，就是懇切地引導他人，按自己的意圖辦事。

如果不以懇切的態度進行說服，只想藉暫時的策略瞞騙，或許一時能收到效果，但絕對無法使說服者與被說服者間得到長久的和諧。

當說服者暗自高興「成功了」時，被說服者卻感到「上當了」，絕對是最拙劣的說服方法。

●讓步

懇切地引導對方，使得到了解與滿足，這時，雙方的滿足度約各爲五十％，若是期望被說服者再做些許讓步，必須相應地讓他得到更多滿足感，否則非但無法達到心服口服的境地，甚至根本無法談攏。

說服，必須得到令雙方都滿意的結果，否則不算成功。

換句話說，說服者必須讓對方認爲「哼！這次是因爲我讓步，他才能成功地說服我」，如此的滿足感，就是懇切引導的最好效果。

爲此，說服者在達到目的後，應主動、積極向被說服者表示「眞謝謝你」、「沒有你的幫助我就完了」、「你如此幫我忙，我會銘記在心」等，以實際行動滿足對方的虛榮心。

●建立信任關係

有的人在說服時，會特別用親密的態度或語言接近對方，但因爲太過刻意、虛假，不僅無法達成目的，還引起戒心，甚至受輕視，排斥，得不償失。

要知道，信任非常重要，只想以自己的方便操縱對方，遲早會受到孤立。有意與人交流，建立並維持信任是必不可少的條件。

信任的關係，寓於日常生活中。得到他人認同，且自認不辜負他人，將有助於建立信任，達到圓滿的說服。

任何人都希望能輕鬆地說服目標對象，尤其是擔任領導職務者，但千萬不可誤解說服的本意。

做一個能和上司談判的好員工

談判當然不僅靠專業知能，更要靠其他各方面的素養展現，要求的是一個人的綜合素質。

請先設想以下情況：

某名員工在心裡憋了一肚子不滿，某天，終於在衝動下鼓起勇氣，闖入老闆的辦公室，氣勢洶洶，怒不可遏，脫口說出一句：「老闆！我要和你談判！」

接下來，會發生什麼事？

你可能以為接續的情況是這樣：老闆一開始顯得驚魂未定，有些不知所措，定了定神之後，才以討好的口吻請那名員工坐下來好好談，陪著笑臉，一面拍著他的肩，一面勸道：「別生氣嘛！有話慢慢說……」

最後，老闆欣然採納了員工的意見，承認自己的錯誤。

仔細想想，這眞的可能嗎？

這絕對是一廂情願的想法，成眞的可能性極低。老闆如果有那麼容易被說服，員工也就不會有如此大的怨氣，更不會氣得跑去當面談判了，不是嗎？

身爲員工者，一定要建立一個正確觀念：在衝動狀態下和老闆談判，輸家往往是自己。如果老闆本身是位談判高手，未等展開攻勢，早以三寸不爛之舌取得勝機，逼得員工灰頭土臉、鎩羽而歸。

與老闆談判的原則是什麼呢？很簡單，就是不求必勝但不能慘輸，至少也要達到和局。在這一原則指導下，爲員工者必須熟悉「談判五大基本要素」，才能踏出成功的第一步。

• 完美的策略是致勝的後盾

談判絕對不能在衝動下進行，否則必定失敗。

要深思熟慮，在冷靜中擬定策略，當作自己的武器。談判的問題越重要，花在擬定策略上的時間也應越長。

沒有策略，或是策略輪廓模糊，將免不了在談判過程中迷失方向。失去方向以後，言語會變得蒼白無力，縱使雄辯滔滔，空洞的內容也難擋老闆的銳利辭鋒，落居下風。

●預留迴旋餘地

和老闆談判之前，必須摸清對方的底細、揣測各種可能的回應情形，並據此制定應對策略。

此外，也要讓自己做好心理準備，實際和老闆談判時，很可能會發現所有的預定策略派不上用場，因爲老闆的見識閱歷與員工不同，思路往往不能被完全掌握，意料之外狀況的發生，理所當然。所以，必須預留迴旋空間，才不至於在被逼到角落時驚慌失措，給老闆可乘之機。

如果發覺自身處境尷尬，說服老闆讓步已經不可能，不妨這麼說：「透過剛才這一番談話，我想通了，怪我年輕識短，想得不夠周全，若有冒犯到您的地方，還請原諒。」

這樣說話，老闆想必不會過度責怪，說不定還覺得你敢於犯顏直諫，又知錯能改，是相當不錯的人才。

留有迴旋餘地，最主要在不可於談判過程中把話說絕、說死、說滿，斷了自己回頭的路。

例如，最好不要說：「如果你不能滿足我的要求，我就辭職」、「我是不會讓步的」，因為這無疑於自掘墳墓。如果老闆本就對你不滿，正好藉此機會給你「顏色」，逼你走路，到頭來倒楣的還是自己。

●收集準確而豐富的情報

和老闆談判，內容通常不僅止於個人私事，極有可能和單位的其他同事，或是同公司的其他部門相關。因此，只要碰得上邊的，你都必須要求自己徹底了解，收集完善的情報，從公司政策、同事態度、工作成敗到對手的觀念等，全不容輕忽。其中，與談判主題直接相關者，更是越詳細周全越好。

情報當然會隨著局勢變化，但只要你能下功夫確切掌握，並運用說話技巧妥善表達，必能表現出自身的不凡能力，給老闆留下良好的印象。

老闆很有可能會認爲你是一個有責任心的下屬，因爲如果不是這樣，你就不可能對公司的情況這麼熟悉。一個有責任心的人，當然値得重視。

• 流利的表達能力

和老闆談判，首先要讓老闆理解你的看法，進而加以深入說明。所以，如何配合對方的思維，把自身看法準確傳達出去，求得充分理解，是決勝的關鍵。

口若懸河並非與老闆談判的必備條件，因爲你越是滔滔不絕地講個不停，就容易露出破綻，讓老闆抓住可乘之機。

你眞正需要做的，不是不加思索地將自己的想法說出去，而是要求表達清晰，保證思路的前後一貫，增強語言的說服力。

• 藉談判機會展現自身素養

和老闆談判，並不等於和老闆吵架。你的風度、談判內容的深度，以及個人修養，都影響著談判的成敗。

若表現得體，縱使談判失敗，仍可望在老闆心中留下良好印象。

談判的內容越深，你的專業素養就要越高，光憑一些常識性的東西就想讓老闆「屈服」，無異於妄想。

談判當然不僅靠專業知能，更要靠其他各方面的素養展現，要求的是一個人的綜合素質。在談判中，你不僅要展現出對專業知識的熟練掌握，還要表現出彬彬有禮、有理有節、公正客觀以及大度寬容。

有力、有節，才可以取得最後的勝利。

以上這一切都要在言詞中表現出來，能夠確實做到，即使沒有全勝的把握，也不會相去太遠。

自我啟發的投資

人生的帳冊裡不可能沒有赤字，當你失去某個東西時，一定會伴隨著辛苦與痛苦，但正因如此，你也會有很大的感動與喜悅。

如果你是職場的管理者或是組織裡的領導者，應該很期待自己是個有魅力，可以吸引別人的人吧！

對於想接近這個目標的人來說，讓自己能力得以發展的投資是不可欠缺的條件。年輕時可以玩樂，這是一種心情的轉換與休息，但玩過頭就會偏離正道了，會犧牲其他事情，如果能彌補也就算了，但若是不能，你和他人的差距只會越拉越大，並且會被別人批評得一無是處。

爲了自我啓發，該投資什麼才好呢？

以下是三個重要的目標值得參考：

1. 投資時間。

每個人一天都只有二十四小時，世界上再也沒比時間更公平的事物了。如何活用時間很重要，人類的價值不是在度過時間的長短，問題是在於密度，人不要被時間追趕，應該要運用時間。

2. 投資金錢。

一般人或許沒有多餘的金錢可花用，但是爲了自我啓發，所做的金錢投資可不能省。思考怎樣有效地使用自己有限的金錢，並活用在自我啓發上是必要的。

應該要認清楚金錢的價值，選擇性的使用。

如果你很吝於花錢，只想讓自己的荷包裝得滿滿的話，就不能說是有效地運用金錢。不會想對別人付出的人，別人也不會對他有任何回饋。

3.痛苦的投資。

所謂「痛苦的投資」，這也可說是一種心靈的投資。人生的帳冊裡不可能沒有赤字，當你失去某個東西時，一定會伴隨著辛苦與痛苦，但正因如此，你也會有很大的感動與喜悅。

煩惱不會主動消失，向各種事物挑戰，流下汗水，你才能有所成長。嘗試了之後，也才會看到自己的能力，透過行動，你向下一個課題挑戰的韌度就會更堅強。

光是靠想像來了解自己是有限的，貧困、苦痛與挫折才會磨練一個人。過去的就已經過去了，但未來是一個未知數，當下努力最重要，鍛鍊脆弱的自己，讓自己越挫越勇，充滿無限活力。

從容面對上司的批評

有時上司的錯誤批評，只要你處理得當，反而會成為你升職的有利因素。千萬別不服氣，發牢騷，那會使你產生負面效應，使你和你的上司關係惡化。

追求晉升的過程中，有人充滿信心，有人則小心謹慎。

但不管怎樣，如何面對上司的批評或訓斥，是一個重要的關鍵點，這會對你造成很大的影響。

有人說，上司批評或訓斥，有時是因爲發現了問題，有時則是出於調整關係的需要，告訴被批評的人不要太自以爲是，或把事情看得太簡單；有時更是爲了顯示自己的威信和尊嚴，與部下保持一定的距離……

搞清楚上級爲什麼批評，你便可以把握情況，從容應付。

受到上司批評時，首先要表現出誠懇的態度，想辦法從批評中學到有益自己的事物。

最讓上司惱火的，就是他的話被你當成耳邊風。

如果你對他的批評置若罔聞，事後仍然我行我素，這會比當面頂撞他更糟糕，因爲在你的眼裡根本沒有他的存在。

批評有批評的道理，有時錯誤的批評也有可以被接受的出發點。

更何況，部屬必須透過受批評才能瞭解上司的眞正想法，因此，接受批評才能體現對上司的尊重。

有時，上司的錯誤批評，只要你處理得當，反而會成爲你升職的有利因素。千萬別不服氣或大發牢騷，那只會產生負面效應，使你和你的上司拉大距離，彼此之間關係惡化。

當然，在公開場合受到不公正的批評或錯誤的指責，人大都會十分不滿。但是，不要用情緒解決問題，你可以私下向上司耐心解釋，或用行動證明自己是正確的或遭到誤解的。

記住，當面頂撞是最不明智的做法，因爲這會使你下不了台，也會使上司下不了台。其實，要是你能坦然地接受批評，上司發現自己錯怪了你，也會在潛意識中對你產生歉疚之情，或感激之情。

靠公開場合耍威風來顯示自己的權威，換取別人的順從，這樣不聰明的上司是成不了大器的。當你遇到這種上司時，更需要大度從容，只要有兩次這種情況發生，丟面子的就不再是你，而是他本人了。

讓上司扮演鞭策的力量

人需要外在的刺激，才會產生向前的動力，如果沒有來自上司的壓力，你也就不會有更上一層樓的慾望。

人最大的敵人，其實就是自己。

比如看恐怖電影，再怎麼驚悚嚇人、險象環生的情節，如果你心中沒有恐懼的感覺存在，那麼就不會讓你感到害怕恐慌，因爲你知道這不過就是一部電影而已。

在工作場合上，如果你想成功，面對難纏的上司，就必須不斷給予自己正面且積極的心理暗示。你必須提醒自己，你的競爭對手其實是自己，只要能夠戰勝自己，你就已經成功一半了。

至於上司，他們只不過扮演鞭策的力量。

我們不妨看看著名的跳高選手理查．福斯伯成名的故事。

上體育課時，外表嚴肅的體育老師正在進行跳高的考試。考試的目標是跳過一百一十五公尺的橫桿，大部份的學生都沒有成功跳過，只有寥寥幾個學生能勉強達到標準。

輪到理查的時候，他猶豫了半天，一直苦思著要怎樣才能跳過一百一十五公尺的高度。但是，時間不允許他繼續思考，老師在旁邊一再地催促著。

理查突發奇想，他竟然在到達橫桿前的那一剎那轉過身，背對著橫桿一躍，沒想到竟讓他跳過了一百一十五公尺的高度！但是因為第一次實驗，所以落地的時候居然落在沙坑裡了。

當理查灰頭土臉地從沙坑中爬出來，垂頭喪氣地等待老師的批評時，在旁邊觀看的同學們，都忍不住地哄堂大笑了起來。

可是，很意外的，一向嚴厲的體育老師，這次不但沒有批評他，反而稱讚他有創新的精神。

接下來，體育老師不斷地鼓勵理查，希望他繼續練習新創的「背越式」跳高方法，並且幫助他進一步地改善一些技術問題。

而理查也沒有辜負老師的期望，參加了一九六八年墨西哥奧運的跳高項目，就是採用他自創的「背越式」跳高法，成功地跳過二公尺二四的高度，刷新當時奧運會中的跳高紀錄，一舉拿下了奧運跳高金牌，成為享譽全球的體壇超級明星。

人需要外在的刺激，才會產生向前的動力，在工作場合如果沒有來自上司的壓力，你也就不會有更上一層樓的慾望。

所以，就像理查．福斯伯成名的過程一樣，上司的刺激對想要成功的人而言，是一項絕對必須的條件。如果你想要在自己的工作領域獲得成功，就必須多接近能夠給予你鞭策激勵的上司。

或許，他們對你的評價不高，或是言談之間充滿譏諷，但是，不要灰心喪氣，因爲你心裡知道，只有刺激，才能帶給你前進的動力，他們只是你登上成功的階梯。

求職失敗，要調整自己的心態

求職失敗往往會讓人感覺失落或受到傷害，千萬不要沈緬於自憐自愛，應該整理自己失落的情緒，再接再厲。

挫折只不過是達成目標前的一次失誤，你可以選擇就地哭泣，或是當作一個難得的經驗，因爲要成爲能幹的人或是軟弱的人，決定權完全在你。

一九四三年，羅伯特．梅里爾來到紐約找尋演出的機會。他到一家名叫馬丁尼克的俱樂部試唱，這個俱樂部的薪水一個星期是一百五十美元，對於剛踏入社會的羅伯特來說，這筆錢是一個很大的數目。

由於這是羅伯特來到紐約的第一個機會，所以他十分賣力演唱，希望能順利地得到這麼工作。

俱樂部的負責人在聽完羅伯特的演唱後，很喜歡他的聲音，本來準備僱用他，但是安排節目的導演卻已經有內定的人選了，負責人只好對羅伯特說：「很抱歉，你的聲音很好，但是我們已經決定用其他人了。」

這次的打擊讓羅伯特非常沮喪，可是他並沒有因此而氣餒，仍然不斷地尋找表演的機會。

後來，他意外地得到在紐約最著名的大都會歌劇院試唱的機會，這次的試唱十分成功，所以第二年，他就開始在大都會歌劇院演唱作曲家威爾第的著名歌劇《茶花女》了。

羅伯特·梅里爾的經驗我們並不陌生，不管是剛要開始就職，或是想要轉換跑道，參加面試的時候，一般人都會有同樣忐忑的心情，求職失敗的時候也免不了產生失落的挫折感。

或許，你相當期待自己會獲得這份工作，然而在競爭激烈的職場，往往事與願違，最後你可能接到一封抱歉的回函，宣告你沒有被選中。

求職失敗往往會讓人感覺失落或受到傷害，或是氣惱別人沒有慧眼識英雄的眼光。如果一遍又一遍的面試都被拒，那就更加難堪了。

這個時候，千萬不要沈緬於自憐自艾，應該整理自己失落的情緒，再接再厲，如果你能保持樂觀的想法，設法提高自己的面試技巧，最終你必然會得到你理想中的職位。

如果你十分渴望到某家公司工作，不妨厚著臉皮，誠懇地給他們寫一封信，表達你心中有多麼失望，並具體列出你所有的優點和專長，如此便可以讓他們知道，一旦這個職位發生變化或是有其他工作機會，你仍然渴望到他們公司工作。

或者，如果你覺得還有希望的話，也可以鼓起勇氣，試著打電話和負責面試的人談一談。有時候，你可以找到願意與你談話的人，談談你的面試的時候失敗在哪裡，或者哪些地方需要再加強。

不要覺得不好意思，積極採取行動會使你多出一線希望，假使他們錄取的人最後並未到職，那麼你就有機會遞補。

誰都不知道什麼時候會發生什麼變化，只要你採取積極行動，你便會比別人多一絲希望。求職就像人生中許多其他事情一樣，你努力越多，結果就會越好。

要做大事，先把小事做好

在職場上，管理上司的第一個重點是：主動表現你的進步。上司接收了你要表達的訊息，會對你留下良好印象。

當你進入一個全新的工作環境，要設法儘快跟上司和同事們熟悉起來，適應陌生的工作環境。你可以從整理文件、接聽電話做起，爲其他同事做些輔助性工作，在他們心中留下勤快熱心的印象，如此既易於融入同事圈中，也可以很快得到大家的幫助。

必須注意的是，在職場中，重要的是要保持不卑不亢的氣質，不能遇到大人物是一種樣子，遇到小人物又是一種樣子。勢利的人常常讓人瞧不起，對上司與普通同事當然應該稍有區別，但不是勢利眼。

在你身邊的同事中，總有一些人愛說長道短，議論別人的是非，此時你最好保持沈默，既不參與議論，更不要散佈傳言，也不要急於與某個人或某個圈子打成一片，以免一不留神就捲入是非漩渦。

不管任何時候，都管好自己的嘴巴。把抱怨的時間、把與同事談論流長蜚短的時間用來冷靜思考，如何才能提高自己的工作效率。只有這樣，你才能快速超越別人，獲得上司的賞識。

一般而言，當一個人剛到新環境工作，上司或同事往往並不瞭解他的才能，一開始不會委以重任，而是讓他做些比較瑣碎的雜事、小事。

這時候，你不要自視清高，以爲大材小用，而是要抱著力爭上游的心情，在最短的時間內把這些瑣事做好。

這是取得上司信任的最有效的途徑，想要讓往後的職場生涯燦爛輝煌，要先耐得住黯淡無光的日子。

在職場上，管理上司的第一個重點是：主動表現你的進步。

你剛到一個新環境，或是剛接一項新職務的時候，在某些工作上或許在技巧不夠純熟，甚至還可能會出錯，但是，倘若努力學習之後，你已經達到一定的工作水準，這個時候，你有必要讓上司知道你的進步，而不是靜待上司去發覺！

應該找個恰當的時間向上司進行簡短的報告，並且感謝他一番：「我以前經常犯錯，幸虧有你的指正，讓我及早明白犯錯的原因，如今這些工作再也難不倒我了，真謝謝你！」

這樣一來，上司便會在無形中接收了你要表達的訊息，並且對你留下良好印象。如果你是個有心人，就能讓自己身段柔軟，及早適應新的工作環境，在未來的職場生活中遊刃有餘。

調整心態，才不會遭到淘汰

有的人在職場過得輕鬆豁達，是因為他們「選擇」了工作，完全是出於自願，而一般人卻通常是被工作所「選擇」的。

想要有所成就，最重要的是從事自己感興趣的工作，如果你目前的工作不合自己的志趣，那麼對個人和公司而言，都是一種損失。

因為，在這種狀況下，你想要的只是一份固定薪水，對工作既沒有熱情，也不會想讓自己有突出表現。

因此，不管你想從事的是什麼工作，都要充滿熱情去追求，讓自己在這個領域出人頭地；唯有調整心態，才不會被淘汰。

如果因為現實的考量，最後你選擇放棄追尋自己的夢想，那麼就得快速調整自己的工作心態，不要讓自己遭到淘汰。

以下這個例子，就是現代上班族最常發生的狀況，有必要以此爲戒，以免同樣的命運降臨在自己身上。

羅賓斯從小就對車子有興趣，一直希望能存一些錢，開一家屬於自己的修車廠。為了實現理想，羅賓斯努力從事推銷員的工作來存錢，也因為有這個明確的目標，所以他每天都工作得十分充實快樂。

當他存夠了一筆錢，可以做自己想做的事情時，他結婚了。

羅賓斯的妻子是一個相當實際的女人，認為在他們還沒有買房子之前，羅賓斯最好不要辭掉現在的工作。可是，等他們有了房子以後，他們的第一個孩子又即將出生了。接二連三的事情，使羅賓斯慢慢覺得開創自己的事業，也許是一件很冒險而且很愚蠢的事。當時，他的薪水不但足夠維持家庭的開銷，而且也足以支付孩子們的教育費用，既然如此，自己還有必要冒險去開修車廠嗎？如果失敗了怎麼辦？他會失去在公司的年資、退休金和所有的津貼，最重要的，是失去一份固定的薪水。

於是，羅賓斯決定放棄自己的夢想，成了一個對生活感到厭倦，庸庸碌碌的平凡上班族，生活中唯一的樂趣，就是在閒暇的時候修理汽車。

很不幸的，全球性的經濟不景氣讓羅賓斯遭到衝擊。欠缺工作熱情的他，成了公司第一波裁員的對象，中年失去工作，讓他不知該如何是好……

人爲什麼必須工作呢？爲了興趣工作的人畢竟是少數，但是我們可以確定的是，有了工作，才能讓我們的日子過得穩定。

對羅賓斯而言，既然幾經思考之後放棄了自己的興趣，選擇了目前的公司，就得設法提昇自己的價值，加強自己的敬業精神和專業知識，帶著熱情與冷靜去工作，然後從工作中培養出全新的興趣。否則，就是一個可有可無的人，裁員的命運隨時會降臨在自己的身上。

我們可以見到，有的人在職場過得輕鬆豁達，是因爲他們「選擇」了工作，完全是出於自願，而一般人，卻通常是被工作所「選擇」的，那種出於「不得不」的心態，當然使工作的快樂減損很多，也會使自己生活在不確定的日子裡。

09

笑臉迎人，勝算更多好幾分

溝通中如果少了微笑，言語將顯得黯然無味，倘若少了和氣，交流也無法進行下去。

笑臉迎人，勝算更多好幾分

溝通之時如果少了微笑，言語將顯得黯然無味，倘若少了和氣，交流也無法進行下去。

在商場上，和氣方能生財。

想要有效溝通，首先應試著用笑臉去面對合作夥伴、對手，如此一來，即便處於不利地位，也能夠扭轉乾坤。

有人天生脾氣好，走到哪裡都能笑臉迎人，與人溝通、交往的過程中，多半能佔便宜。由此可以知道，學會笑臉迎人，是一種難得且富智慧的謀略。

漢初劉邦去世後，匈奴單于趁機欲侵吞漢朝疆土，還寫了一封十分欺侮人的信給呂后，信上說：「妳最近死了老公，我也正好死了老婆，不如妳就帶著江山來跟我過吧！」

可想而知，呂后看了這封極盡侮辱能事的信，恨不得宰了匈奴單于。但她到底是一個厲害的角色，冷靜衡量了利害關係後，採取了微笑外交，順水推舟地回信說：「我老了，只怕不能侍候大可汗。不過，我們宮中年輕貌美的人倒有。」並送了一名宮女和番，輕描淡寫地避過一場毀滅性災難。

當時，呂后要是負氣動武，結果可想而知。事實上，早在八年前，劉邦便曾親率大軍征討匈奴，但一戰即敗，被困在山西定襄，差一點遭到活捉。劉邦尚且如此，更遑論呂后。

但硬的不行，軟的卻達到了目的。劉邦的戰爭策略失敗，呂后的微笑外交則確保了國家的平安。

以上例子說明，微笑外交是處於不利地位的弱者應採取的交際謀略，使人們得到喘息空間，能於隱忍中求發展。

至於在一般情形下，微笑外交的主要作用，則在於製造良好的生存發展環境與氣氛。用微笑去對待每一個人，你將發現溝通變得比想像更容易。

微笑，不花費什麼，卻能創造出許多奇蹟。它豐富了那些接受它的人，而又不使給予的人蒙受損失；它產生於一剎那間，卻讓人留下永久的記憶；它創造人際關係的和諧和快樂，建立人與人之間的好感，它是疲倦者的避風港、沮喪者的興奮劑、悲哀者的陽光。

想要獲得別人的歡迎，請先付出真心的微笑。

富蘭克林．貝特格是全美最知名的保險推銷員之一，他說自己在許多年前就發現了一個道理：面帶微笑的人永遠受歡迎。所以，在進入別人的屋子之前，他總會停留片刻，想想高興的事情，讓臉上自然而然展現出開朗、由衷而熱情的微笑，然後才推門進去。

千萬不要小看了微笑在溝通過程中可能產生的效用。用輕鬆愉悅的心情與滿腹牢騷的人交談，一面微笑、一面恭聽，你會發現過去感到討人厭的傢伙，全變成了受歡迎的人，曾經相當棘手的問題，現在全變得容易解決了。

毫無疑問，微笑會帶來更大的方便、更多的收入。你會發現，以前的自己很難與別人相處，可現在完全相反，因爲你學會了讚美、賞識他人，從別人的觀點看事物。自然而然，你將擁有友誼與幸福，更感到快樂。

一個不擅長微笑的人，在生活中將處處感到艱難。即便臉上生來沒有微笑，也要練習在聲音或表情中加進微笑。

想要讓自己更受歡迎，你得做到下面這幾點：

・不想笑的時候也要笑

或許，你認爲太難了，明明不高興，爲什麼還要微笑？但事實上，這就是最好的溝通方法。

無論心事多麼沉重、多麼哀傷憂鬱，與外界溝通時，還是應該將負面情緒收起，不要因爲自己的憂鬱影響他人。

把煩惱留給自己，讓別人相信你現在非常愉快，在溝通中，即使你不想笑，仍要儘量保持微笑。

主動表露出高興情緒，人們也會跟著你笑。與別人分享自己的快樂，將能使大家臉上都帶著微笑。

・用你的整個臉去微笑

必須明白，一個美麗的微笑並不單屬於嘴唇而已，同時需要眼睛的閃爍、鼻子的皺紋和面頰的收縮構成。

一個成功的微笑，範圍包括了整張臉。

・運用你的幽默感

任何人都有幽默感，認爲自己不懂幽默的人，不過是把它深藏在無人知道的角落裡。跟別人在一起時，可以說說笑話，那樣有助於提升幽默感。但是，說的笑話必須慎選，萬萬不可是低級的笑話，或是尋別人開心的惡作劇，否則很有可能達到反效果。

・大聲地笑出來

微笑具有魅力，發自肺腑的大笑同樣能使人深受吸引。

或許你也有過同樣的經驗，在電影院看電影時，會因爲聽見某位觀眾哈哈大笑，便跟著笑起來。這就是「笑」的魅力的最好證明。

上面所說的種種，都是練習微笑的好方法。如果你是一個害羞的人，在別人面前無法自由自在地發笑，那麼，再告訴你一個小秘訣——對著鏡子，練習對自己微笑，等到臉上能泛起了眞正的笑容，不感到彆扭後，再於人們面前呈現。

說話辦事之時如果少了微笑，言語將顯得黯然無味，倘若少了和氣，交流也無法進行下去。將微笑與和氣融於溝通當中，就等於爲自己添加籌碼，爲獲利種下希望的種子，產生極大幫助。

掌握對手情況是取勝妙方

想要在談判中取得勝利，必須做好的兩項工作，就是過程中的溝通，以及事先的材料蒐集。

兵家有云：「知己知彼，方能百戰不殆。」

在當今這個商場如戰場的時代，在溝通中掌握對方的確切情況，再加上說話得宜，何愁不能藉言談取勝？

接下來，讓我們來認識一下如何「談判」。

各行各業都有一定的規範準則，談判中的溝通當然也不例外。做好事先準備後，便該遵守以下幾項重要原則：

・語言得體

得體的語言能使談判順利進行，同時也體現出談判者的風度、涵養，以及所代表公司的完美形象，在對方心中留下良好印象。

・真誠守信

眞誠守信是商務談判中的一大準則，即便在語言激烈交鋒時，仍要謹記以事實爲基礎，以信譽爲準繩，據「理」力爭。

・平等互利

雖然談判參與雙方所處的位置爲對立的，也有可能在某些方面上有明顯的強弱差異，但在談判桌上，仍應擁有平等、相當的權益，並得到尊重。優越的一方沒有必要在言語上打壓弱勢的一方，否則必將阻礙溝通，影響談判的進度和效果。

以上三點是溝通中的重要原則，而在透徹掌握之後，還要做好事前的準備工作，因爲它將決定談判的成敗。

能不能在溝通中掌握充足的資料，取得主導權，要看說話的方式、方法，這不僅關係到己方所做決策的正確性，還關係到在談判桌上能否佔有一定優勢，不被對手壓制。

想要在談判中取得勝利，必須做好的兩項工作，就是過程中的溝通，以及事先的材料蒐集。

商場交鋒展開之前，率先瞭解對手情況，做到知己知彼，從而掌握市場走向，取得溝通優勢，就能在談判過程中佔較大贏面，獲取巨大效益。

溝通，在人際交往中扮演著「潤滑劑」的角色。

試想，假若人際交往過程中，少了「潤滑劑」，將會發生什麼樣的狀況呢？毫無疑問，行事將會碰到重重阻隔。給彼此留點空間，讓言語充分發揮溝通的效力，摩擦、阻隔才會相對減少。

加點「潤滑劑」，交往更容易

多給溝通留點空間、多學習溝通技巧是必要的。應儘可能地讓它充分發揮「潤滑」作用，為獲得雙贏種下希望之果。

人際交往過程中，常有很多自作聰明的人，只想騎在別人的頭上，一副「唯我獨尊」的架勢，卻不知道這其實是最笨的做法，因爲免不了傷害別人的自尊心，結果當然也就不言而喻了。

在商務洽談中，總會出現一些僵持場面，究其原因，往往由於雙方不能達成共識，但是又都不肯退讓一步，以至於完全沒有了溝通餘地。

這實在非常可惜，倘若彼此都能讓一下，坐下來，心平氣和地以溝通爲目的展開對話，仍有極大可能達成共識。

如果在交往最初就能注意到這一點，收斂自己的鋒芒，使語言更顯謙恭，往往能奠定好的開始，爲接下來的交流營造出較愉快的氣氛，促進彼此之間共識的達成。如此，對雙方來說，既達到了目的，又增進了友誼，一舉兩得。

應特別注意一點：若是意識到此次談判一定會有一番激烈討論，更應懂得迎合對手、使氣氛和緩的技巧，因爲它將有效促使達到雙贏。

「好話一句三冬暖」這句話流傳至今，更衍生出了「好話一句成買賣」的有趣說法，相信所有在商場經營有一段時間與相當心得的商人都深有體會，能夠理解這兩句話背後蘊藏的涵義。

在商機無限的現代商場上，有無數的合作夥伴可以選擇，關鍵在於你如何說服他人與自己合作。這種時候，只要能夠說出一句眞正打動對方的話，就可能得到一次賺錢的機會。

與人交流溝通的最大忌諱，就是過於自我。

若總是一句話便將別人的好意或提案嗆回去，總是覺得只有自己的想法最好，只想將自己偉大的一面展露在別人面前，不給別人表現的機會，等同於不懂溝通，必然將招致失敗。

創造機會的一個好方法，在於使對方於交談過程中多說「是」，雖然乍聽好像不容易做到，可一旦達成，效果必定相當好。

舉個例子來說，如果這次談判是爲了使合作方案達成一致，你就應先開誠佈公地向對方表明自己的意向、合作目的，然後再繼續進行溝通。這樣一來，一方面表現了己方的誠意，另一方面，使對方覺得你和他們之間存在著很多共同的利益，雙贏便勢在必得。

在商場上打滾討生活，免不了要要求自己做到八面玲瓏，但要做到這點，必定離不開良好的溝通。

溝通是打開相互瞭解之門的鑰匙，更是結交朋友、擴大人脈網的前提。不懂溝通，就要學習溝通；沒機會展開溝通，則要主動爭取甚至創造機會。

「水能載舟，亦能覆舟」，溝通可以促成談判成功，也可能使交易失敗，所以，多給溝通留點空間、多學習溝通技巧是必要的。應盡可能地讓它充分發揮「潤滑」作用，爲獲得雙贏種下希望之果。

在商務溝通中爭取成功

如果你能確切掌握某一特定領域內的所有情況，而你本身又是一個十分注重細節的人，說服力便可能比任何人都高。

隨著商業活動越發頻繁複雜，面對面談判的機會自然增加。商務談判既是雙方實力的較量，也是一場鬥智鬥勇的對決，是成是敗，足以產生極重要的影響，因此，任一方都不該輕易小覷談判的重要性。

如何才能在商務談判中獲取最大效益，其實有章可循，首要就在創造對自身有利的因素。

●選擇最佳談判人選

絕大多數商務談判都需要多人一起參加，因爲如果單獨一人參加，力量往往不夠。參與者的挑選，要根據談判的重要性、困難程度以及時間長短來決定。挑出的談判人選是否適當，對談判結果的好壞，往往有十分重大的影響，有更足以決定成敗。

每次談判時，人員的選擇都要根據具體情況進行分析，如環境、談判的方法和條件等，必須愼重地加以考慮。

團體談判有獨特的功能目的，需要團體中的成員能夠履行計劃和目標。進退有度的團體談判領導者，會利用成員作爲讓步或拒絕讓步的藉口，例如：「我要問問其他人的看法。」

談判的首腦應該盡可能地發揮每名成員的長處，知道如何在談判過程中利用團體裡每個人不同的專業背景與知識，並將準確的資訊及時提供給他們，讓他們做出最好的建議或決定。

●選擇對自身有利的場地

談判場地的選擇，也要根據情況進行具體分析。

一般來說，談判場地可以設在任何一方的辦公室裡，但是大多數人還是習慣在自己的地盤談判，因爲感覺比較踏實。

若對方被邀請到你的地盤談判，在開始會談之前，可以先藉問候寒暄得知一些資料，掌握對手的某些情況，爲接下來談判的展開，做好更充分、更有利於自己的準備。

談判場所的選擇，要盡可能滿足優雅、舒適兩大條件。房間的擺設，如燈光、座位等，都要在考慮之內，例如椅子坐起來應讓人感到舒適，視覺效果要好等等。這雖然都是小細節，卻足以決定談判的成敗。

值得一提的一點，是談判時座位的安排。

大多數人都會習慣性地認爲桌子前端的座位象徵著權威，坐在這位子上的人，一般來說講出的話較被人重視。

有的談判方會故意設計場地的擺設，讓對手坐在較低、較不利的座位，因爲在談話過程中，低座位者不得不仰視高座位的人，這樣一來，在氣勢上就已輸給了對手，坐高位者自然而然在氣勢上贏得了初步的勝利。

假如談判的地點設在對手的辦公室，出現以上的情況可能會不利於你，這種時候，「以毒攻毒」不失爲一個好辦法——直接坐到對手的位子上。直接表示自己的不滿，可以迫使對方重新安排位置，擺脫不利局勢。

●在議程中增加有利於自身因素

談判的議程由哪一方來確定，實際上都各有利弊。

議程由己方來定，讓對方接受的好處，在於可使對方處於不得不被動自衛的劣勢中，還可以進一步利用議程排序，製造出種種對自己有利的條件。

擬定議程時，千萬不可流於形式。不成熟的議程只是印好的表格、契約或租約，沒有眞正的意義。

合格的議程應該提出需要討論的各種問題，問題的提出順序，則該由小到大，依次排列。這樣，就可以避免實際談判中的無謂浪費，把更多的時間留給更重大的問題。

另外，議程中的時間安排也需要注意。談判的時間和舉行地點同樣重要，一天中哪些時段，個人處於最佳狀況，何時處於最低潮，都有一定的規律性。

外部因素必須處理好，談判者的素質也需要重視。

每個人都可能有適合參與談判的潛能，關鍵在於如何加以挖掘並利用。以下是談判人員必須具備的能力：

•較強的語言表達力

有些人的語言表達能力非常強，這就是他們最大優點，能夠清楚、簡練地表達內心的想法，使事情易於被人理解。由這樣的人參與談判，結果自然會比他們的預想來得更成功。

但是，也有些人會採用另一種溝通策略，把含混不清的說話方式作爲一種談判手段，用模糊不清的語言迷惑談判對手，進而使自己佔據有利地位。

•細心

談判過程中的問題有主次之分，事實上，造成僵局的通常是次要問題。若只關注主要問題而忽略了次要問題，便極有可能致使雙方溝通不良、談判停滯不前。因此，必須細心留意所有情況。

・耐心

耐心在談判過程中是極其重要的，甚至能轉劣勢為優勢，而缺乏耐心則可能導致談判失敗。

・不忽視細節

談判中，最具說服力者，就是注重細節的人。如果你能確切掌握某一特定領域內的所有情況，而你本身又是一個十分注重細節的人，說服力便可能比任何人都高。

在合適的情況下，挑選合適的人進行商務談判，理所當然能夠達到的溝通效果最好，成功的機率也最高。

投桃報李，建立良好互動關係

人是感情的動物，抱持「投之以桃，報之以李」的態度與人溝通交往，收效將超乎想像。

正如人與人的溝通很難永遠順暢，商務談判也不可能每一回都順利達成協議，因爲參與雙方都在密切觀察對方，尋求談話漏洞的蛛絲馬跡，以便取得更多利益。

由於出發點都在確保自己的利益，談判參與雙方常常會有僵持不下的情形發生，使溝通無法順利繼續。

想要使談判變得順利，建立良好溝通模式是必須的。良好溝通模式可以促使雙方以更快的速度完成協定，並且找出對彼此眞正有益的方式，不浪費半點時間在談判桌上。

在談判場合建立良好溝通模式，有以下兩種方法：

• 變敵對為合作關係

能把溝通建立在雙方合作的基礎上，談判自然會朝著對彼此都有利的方向前進。因此，談判展開之前，最好先要找出彼此的共同利益，然後努力促成雙贏，使氣氛融洽。

• 投之以桃，報之以李

在談判過程中，運用投桃報李的方法，主動釋出善意，對建立良好的談判關係有很大幫助。

在不過分損失己身權益的情況下，滿足對方感興趣的事情，將能促使感激心理產生，爲雙方的溝通建立好的開始，使關係得以往良性方向發展。

在談判桌上，採取與對手針鋒相對、據理力爭策略同時，關心別人、體諒別人、設身處地站在他人立場著想的心態也不可完全忽略，因爲這種溝通方法往往更有利於談判。

人是感情的動物，抱持「投之以桃，報之以李」的態度與人溝通交往，收效將超乎想像。

千萬不要只把談判對手當成敵人，應放下敵意，試著與對方建立良好的互動關係，以求既順利且迅速地達成協議。

更進一步來看，建立良好關係同時，若期望有效戰勝談判對手，可以從以下兩個方向著手：

•談判展開前，先威懾住對手

相信任何人都知道，好的開始是成功的一半，但也明白另一個道理，就是「萬事起頭難」。

開個好頭，對談判來說尤爲重要。

談判開始時，每位談判者都要各就其位、各盡其責，針對談判內容展開討論。雖然這個階段在整個過程中只占很小一部分，卻非常重要，因爲它將足以決定整場會談的基本方向。

此時，必須採取審愼態度應對，因爲差之毫釐，失之千里。

•從對方的立場看待問題

談判桌上，參與雙方在每個問題上的立場，基本上都是完全對立，分歧在所難免。而雙方免不了又都會爲各自的利益據理力爭，想盡一切辦法說服對手，使得談判向著有利於自身的方向發展。

這種時候，人們往往會犯下一個同樣的錯誤，就是只顧自己，而不能從對方的立場看待問題。

雖然舉行談判的目的，就在於爭取對自己有利的東西，但若能稍稍在談判桌上爲對方多著想，將能明顯增強自己的說服力，從而掌握談判進行的大方向。

溝通過程中，最有效的「說服」，是讓別人按照你的想法去做，但絕對爲心甘情願的接受，不包含強求、壓迫等因素在內，這一點，值得所有有志於提升言語溝通能力的人牢記。

氣氛越輕鬆，你越容易成功

與人溝通的一大竅門，就在於找出彼此都感興趣的話題，將距離拉近，如此將有效消除雙方的陌生感，活絡談話氣氛。

從事商務活動，免不了得與客戶打交道、進行交流，否則無從獲利。既然彼此間有利益關係存在，更需要注意交流的方式。

初次見面，應給對方留下一個良好的印象。自我介紹時的言語尤其需要注意，必須審慎斟酌，力求做到適合本人的身份，不過度自我炫耀，也不自我貶低。

與客戶交流時，應力求語言簡明扼要，能準確抓住重點，使對方有興趣和耐心繼續聆聽。

除了語言簡明，說話得體也很重要，因爲不得體的語言容易造成尷尬的局面，甚至傷人自尊。

爲了與客戶順利進行交流，一定要注意自己的語言表達方式。在與客戶交流時，由於雙方關係可能存在對立或不夠熟悉，容易使談話陷入僵局。爲了有效避免這種狀況的出現，應當儘量製造輕鬆、和諧的談話氛圍。

事實上，雙方必定都希望能在輕鬆自如的氛圍下進行交流，可是，很多時候卻由於找不到共同的話題，無法打破僵局。

這時候，大可以拋開主題，另尋一些有趣的話題，如此既活躍了談話氣氛，又淡化了彼此的陌生感。發生在自己身邊的一些小事物就是非常好的討論話題，越是與日常生活相關，越能引起共鳴，進而達到心靈上的溝通。

第一次世界大戰時，美國女權主義者南茜拜訪了英國首相邱吉爾。邱吉爾熱情地接待了她，但由於彼此相當陌生，一開始不知說些什麼好，氣氛自然顯得有些沉悶、尷尬。

邱吉爾畢竟是老道的政治家，為了打破僵局，於是開始說起一些家常趣事。他說：「一次，我和妻子吵架，她兩天不與我說話，後來我實在憋不住了，就對她說：『你這樣對我，不如乾脆點，直接往我的咖啡裡放點毒藥！』」

南茜出神地聽著，被邱吉爾的描述吸引了注意力。

邱吉爾接著又說：「她聽我這麼說，頓時覺得自己的做法有點過分，因為我的過錯畢竟沒那麼嚴重，不至於到要喝下有毒咖啡的地步哪！」

說完，兩人都笑了，氣氛得到明顯的和緩。

與人溝通的一大竅門，就在於找出彼此都感興趣的話題，將距離拉近，如此將有效消除雙方的陌生感，活絡談話氣氛，提高溝通成功的可能性。

利益來自與客戶的良好關係

商場上的客戶是很特殊的交往對象，不同於朋友、同事，因此在溝通時，必須時刻注意自己的身份，說話、做事掌握好尺度。

與客戶交流時，雖然要把握一定的原則，但也不必一副凡事公事公辦、說一不二的樣子，否則必定不利於雙方溝通。

商場局勢變化難測，因此聰明的生意人會更注重確保自己與客戶間的順暢溝通，畢竟能讓彼此的關係穩定發展，對生意經營本身有益無害。

與客戶互動過程中，以下幾點必須注意：

• 不要過分恭維

缺乏誠心、千篇一律的客氣話，必定會招致反感。不愛聽恭維話的人自然不買帳，至於聽慣了的人，同樣不當作一回事，因為他們早已聽膩了那些不夠誠懇的奉承，根本不會因此增加對說話者的好感。

●巧用幽默破解僵局

與客戶交流時，難免意見不合，發生分歧，如果雙方都堅持自己的原則，則很容易導致僵局出現。

碰上這種情況，不妨暫時轉移焦點，說個笑話，或者來段幽默故事，緩和一下緊張的氣氛。

事實上，就客戶自身而言，也不願意見到僵局發生，因此絕大多數也願意見好就收，不會無理取鬧、窮追猛打。所以，不妨用幽默當潤滑劑，然後再進行之後的溝通。

●保持風度與穩重態度

交往過程中，你的言談舉止能透露出自身的涵養與素質、知識程度以及品格情操。所以與客戶溝通時，要特別注意塑造形象，儘量表現得有風度且穩重，以增加客戶對你的好感。

商場上的客戶是很特殊的交往對象，不同於朋友、同事，因此在溝通時必須時刻注意自己的身份，說話、做事掌握好尺度，絕對不可任意妄爲。

身在商場，與客戶溝通成功與否，將直接影響到自己的事業發展。會溝通的人，通常比較能掌握說話辦事訣竅。聰明且有至於發展的生意人，有必要多動腦筋，透過與客戶建立良好關係，掌握與客戶溝通的最佳方式與原則，從而更好地達到溝通目的，獲致成功。

10

保持良好風範，受人喜歡就不難

若希望自己的談話如同音樂一般動聽，不可忘記在速度應快時要快，音量應高時要高。毫無抑揚頓挫與節奏變化的談話，最易使聽者疲倦。

有信心，才能發揮最佳實力

要心緒鎮靜、神態自若地控制和支配自己，要是一上台就怯場，即使事前準備的演說內容再新穎有趣，也難以引起聽眾的興趣。

要使自己的話語有吸引力，打動聽衆的心，達到良好的效果，事前必須做好心理準備。心理準備取決於心理素質的培養，也取決於臨場時材料、選題與演說方式的準備。

其中，心理素質的培養尤其需要日積月累。

一個具備良好心理素質的人，即使面對成千上萬的聽衆，也能神色自若、從容不迫，讓自己的語言像清泉般潺潺流出，激人奮勉、令人陶醉，這種演說才能確實令人佩服又欣羡。

要成爲一個成功的演說者，必須從建立自信、不膽怯開始。如果在演說前就沒有信心，演說的效果必會大打折扣。

美國卡內基演說會的創辦人，成功學大師戴爾．卡內基，幼年時的貧困生活使他相當自卑。上大學後，他發現演說術的訓練能使他自信、勇敢、鎮定，以及在處理工作時提升應對他人的能力。

於是，他刻苦訓練自己的演說能力，並最終成爲美國著名的演說家之一。他還結合自身的經歷與體會，寫了《人性的弱點》等暢銷書。

他創辦演說會的目的，就是希望透過訓練各種人的演說能力，幫助他成功處理人際關係，並在事業上獲得成功。

一位美國食品製造工會會長參加了卡內基演說會後談到他自己的感受，他說他以前無論如何也無法在董事會上站起來發言。但透過參加卡內基的演說訓練活動，他現在已能在各種集會上發表演說，甚至他的一些演說內容，還摘要刊登在全國性報紙及商業刊物上。

卡內基的經歷告訴人們，只要有信心並且願意努力練習，不論天資如何，任何人都有希望成爲能言善道的演說大師。

英國前首相狄斯雷利承認：「我寧願帶領一隊騎兵上戰場衝鋒陷陣，也不願意在國會發表演說。」

幽默大師馬克．吐溫曾說：「我的第一次演說，好像嘴裡塞滿了棉花，脈搏激烈地跳動，像正在爭奪百米賽跑的獎盃。」

古羅馬演說鼻祖之一的西塞羅說：「演說一開始，我就感到面色蒼白，四肢和整個心靈都在顫抖。」

就連在美國最享盛名的前總統林肯也說：「我在演說時，總有一種畏懼、惶恐和忙亂的感覺。」

以擅長演說著稱的英國政治家丘吉爾，在描述他第一次登台演說時說：「我心裡似乎塞著一塊幾寸厚的冰疙瘩。」

美國總統羅斯福也是這樣。他小時候曾是個體弱多病且笨拙的孩子，年輕時見到人就感到緊張且對自己的能力毫無信心。後來，他不斷督促自己在各種場合勇於發言、不怯場，這樣持之以恆訓練，假裝的毫不懼怕就變成現實，最終成爲一個勇敢的人。

上述那些大名鼎鼎的演說家在剛學習演說時也曾手足無措，所以別對自己現在不佳的表現感到難過、喪氣。

要鍛鍊自己不怯場，首先要建立自信心，這是演說者最基本的心理素質。在演說中，要心緒鎭靜、神態自若、思維敏捷地控制和支配自己，使演說技巧得以完全發揮。

相反的，要是一上台就怯場，那即使事前準備的演說內容再新穎別致，材料再豐富有趣，也難以引起聽衆的興趣了。

把握要點，演說自不難

一個不懂得如何結束話題及不知何時該結束話題的演說者，就是一名失敗的演說者。一名演說者應將結尾看得與開頭一樣重要！

人際溝通大師塞巴特勒曾經寫道：「想讓對方接受原本不想接受的看法，最好使用對方喜歡聽的語言。」

確實，想要與別人有效溝通、交流，就必須留意自己說話的方式及口氣，用對方能夠接受的話語表達自己的意思。

面對不同的場景和不同的交談對象，運用最正確的說話態度和技巧，往往可以幫助自己快速達成目的。相反的，如果無法掌握說話的藝術，非但浪費唇舌，也無法達成自己想要的目的。

就溝通而言，當眾演說是無疑是面對眾人闡述自己觀念、想法、意見，影響他人的大好機會，有必要多多掌握這方面的談話技巧，使自己成為一個處處都受歡迎的人。

有一位成功的演說家曾將演說過程，簡單歸納為「站起來」、「說話」、「閉嘴」三大項，下面逐一介紹。

•站起來

這點是要求每個領導者在演說的時候，都應以充滿自信的威嚴神態站在台上，不要畏縮怯場、手足無措，或是很不自在地來回走動。

一個即將演說的人，如果能夠從容不迫地站在台上，他的演說就等於成功了一半。因為對於聽眾來說，他們心目中最佩服的演說家，就是在任何情況下都能鎮定自若的人。

充滿自信地站在台上，擺出有點威嚴的架式，稍稍掃視一下四周，然後用強而有力的聲音開始演說，這就是一場演說最良好、成功的開端。

・說話

演說者在執行「站起來」這一步驟以後，就必須以流暢順達的語言開始演說。因而第二步驟「說話」，就是按照預定的形式進行演說。

身為演說者，此時就是會場中的主角，所以演說內容也應該努力達到聽衆所期待具有權威性的水準。

也許面對台下衆多聽衆時，演說者此時心慌意亂，別說是「權威性」，就是「一般性」的標準也難以達到。但即使如此，也不能把心中的慌亂、不安表現在臉上，必須硬著頭皮開口，哪怕手腳發抖也得極力裝出不怯場的神情。通常只要開口說了幾句話以後，神態自然就能慢慢鎮定下來。

事實上，無論是多麼擅長演說的人，開始說話的時候，內心都或多或少會有點不安，只有在開始演說之後，慌亂不安的感覺才會逐步消失，個人的演說風格才能隨之展現出來。

而且，演說時毫無緊張感的人，很容易走上誇張炫耀的歧路。只有先做好準備但演說之前心中仍有點緊張感的人，才能把握好演說的分寸。

另外，在演說的時候，一定要將每一個字、每一句話都清清楚楚地送進每一位聽眾的耳朵，唯有如此，才能牢牢抓住聽眾的注意力。

即使由於某段話題內容的需要，只能以緩慢低沉的聲音演說，也應該用低緩但清晰的聲音，將話語傳達到會場的每一個角落。

在演說的時候，可以在聽眾不注意的情況下觀察到他們的情緒反應，如果聽眾們的神情舒適自在，這代表眾人專注於演說內容；如果他們的神情煩躁不安，那就得儘快結束演說或是轉換話題了。

・閉嘴

所謂「閉嘴」，就是「結束話題」。一名演說者把該說的內容全都說完以後，自然就應該「閉嘴」。相對而言，一個不懂得如何結束話題及不知何時該結束話題的演說者，就是一名失敗的演說者。

試想，若是一開口說話，就像打開水龍頭一樣沒完沒了地說個不停，是不是會讓人恨不得堵住他的嘴？因此，一名演說者應將成功的結尾看得與成功的開頭一樣重要！

任何人都能開口講話，但唯有聰明機智的人，才能明快俐落、恰到好處地結束演說。若是在演說結束之後，有人仍意猶未盡地說：「爲什麼你的演說那麼快就結束了？眞想聽你再講下去。」那麼，就代表這場演說成功了。

上述三個步驟相當簡單，但要把握其中的精髓卻非常不容易。若想隨時都能發表一場成功的演說，就應用上述三大步驟提醒自己，並且勤加練習技巧，如此自能在需要演說時有良好的表現。

別出心裁，才能贏得青睞

若希望自己的演說內容，在類似場合、時間、主題的限制下，仍能令眾多聽眾感興趣，就要有別出心裁的創新功力。

當許多人在同一時間、同一場合進行演說時，由於受時間、地點、氣氛及相同主題的制約，很容易發生眾人演說內容「千篇一律」的現象。在此情形下，要想使自己的演說內容從眾人中脫穎而出，就要有「大路擁擠走小路，小路人多爬山坡」的創新精神。

心理學研究表明，新奇事物給人的刺激度極強，「喜新厭舊」又是人與生俱來的性格，因此，是否有別出心裁的內容，就成爲左右演說成敗的關鍵。

那麼，和許多人在同一場合演說時，怎樣才能使內容創新並吸引人呢？

首先，演說者應根據現場情況隨機應變，避「長」揚「短」。這種方法既快捷又方便，若運用恰當，往往可以收到以少勝多的功效。

為了慶祝銅像落成，王校長精心準備了一篇漂亮的演講稿。但舉行銅像揭幕儀式那天，天氣非常寒冷，儀式剛進行不久，台下的同學們就變得焦躁不安，甚至不斷活動身體好取暖。

可是，事先安排好的演說還得一個個進行下去。

王校長見狀，輪到他發言時，便把準備好的稿子放進口袋裡，只講了一句話：「同學們，在此我只想用一句話鼓勵大家，那就是：『滴自己的汗，吃自己的飯，自己的事自己幹。靠人，靠天，靠祖上，不算是好漢。』」他這句話剛結束，台下就傳來經久不息的掌聲。

儀式結果後，他這段簡短有力的發言，贏得校內所有師生一致的讚賞。

其次，可透過一個嶄新的概念來劃定聽衆，讓他們對這個概念進行自我認定。像是演說者對聽衆的稱呼，看起來是件很簡單平常的事，但如果稱呼得體又新穎別致，將會在演說者與聽衆之間產生奇妙的化學作用，進而拉進彼此心靈上的距離。

在某學校舉行的即席演講比賽中，李燕就以這種辦法先聲奪人。在她演說之前已有七名同學發表演說，每個人開頭的稱呼大多是「老師們、同學們」，李燕心想如果還用這個稱呼開頭，必定很難引起聽眾的注意。

於是，她採用了別人沒有用過的稱呼語：「未來的工程師、會計師、廠長、經理們，大家好！」這個富有新意的開頭，霎時吸引了所有人的注意與目光，從而為她的演說創設了良好的情境，奠下了成功的基礎。

第三，演說內容要以新奇的開端取勝。

好的開始是成功的一半，當他人演說的開端已經很新的情況下，自己就要考慮出「奇」制勝。

在某大學圖書館的會議室裡，畢業多年的校友們正在聚會，發言者個個都是演說高手，緬懷過去時妙語如珠，句句都動人心弦。

輪到王教授說話時，他想到同學們分別後四十年間的變化，想到有的同學已經去世，於是就改變了談話的切入點。

只見他感慨萬千地說：「人在痛苦和歡樂的時候，總會想起親人。此時此刻，大家一定和我一樣，想著我們班的每位同學。我提議，讓我們暫時收斂歡樂的心情，為幾位離我們而去的同學默哀，以寄託我們的緬懷之情。然後，再讓我們舉杯，向未能與會的同學們表示真摯的問候和美好的祝福！」

上述這段話中，王教授用奇特的開頭勾起大家心中的感懷與情思，所以一下子就引起聽眾的共鳴，往後他所說的內容，自然也能牢牢抓住眾人的注意力。

總而言之，若希望自己的演說內容，在類似場合、時間、主題的限制下，仍能令眾多聽眾感興趣，就要有別出心裁的創新功力，若只是重複前人所說的內容，就很能吸引眾人的目光。

保持良好風範，受人愛戴就不難

若希望自己的談話如同音樂一般動聽，不可忘記在速度應快時要快，音量應高時要高。毫無抑揚頓挫與節奏變化的談話，最易使聽者疲倦。

演說的風範是一個人道德、情操、氣質、性格、知識、感情等綜合性的外部表現。有時候，我們需要透過演說表達自己的意見，此時風範良好，就能使自己的話語更具說服力，更能獲得眾人的支持與愛戴。

演說時，若能注意下述三大點，就能維持良好的風範：

●調整呼吸，態度安詳自然

說話是吐氣中載著語言，呼吸一混亂，話語就會不通順。

不少人在眾人面前說話時容易怯場，這種心態首先就會導致呼吸不正常，這樣就無法使所說得話語流暢。一旦說話之時呼吸紊亂，氧氣的吸入量就會減少，勢必影響大腦的正常運作。

又有些人在對眾人演說時，由於太緊張，血液一下子就沖上頭，結果連自己說了些什麼都不知道。這種情況可能是瞬間的氧氣供給停止了，頭腦的機能也一時停止，這使整個人陷於癡呆狀態，不能將心中所想的詞語說出來。

就某種意義上來說，「呼吸」和「氣息」是同個意思，因而調整呼吸就是使氣息安靜、平順下來。

演說前應調整呼吸，使全身處於放鬆狀態。靜靜地進行深呼吸，而且在吐氣時稍微加進一點力氣即可，這樣一來，心中就會逐漸踏實，更能克服怯場的毛病。

另外，笑對於緩和全身的緊張狀態有很文的作用。所以，演說前可用笑調整呼吸，這能使頭腦的反應靈活、注意力集中，進而將心中想法順利表達出來。

•神色專注，耐心傾聽

「對話」一般是由雙方構成，而且每一方都擔負著兩個任務，也就是「說」和「聽」。換言之，某一方的的「說」是爲了對方的「聽」，他的「聽」又促成了對方的「說」。

那麼，在「說」和「聽」之間，哪一方對維持談話更重要呢？

就某種意義上而言是「聽」。

因爲「聽」可讓人瞭解對方，明白對方的意圖和需求，從而決定應該向對方「說」些什麼，又該如何「說」較爲適當。

若是與他人談話時，對方將臉轉向一旁，一副漫不經心的樣子，那麼談話的興致必會大減。結果，這樣一場談話必會草草結束。

反之，如果對方是個聚精會神、側耳聆聽的好聽衆，談話者的心情就會大不相同。說話者心裡會想：「看他一副認眞聆聽的樣子，似乎對我說的事很有興趣，我還可以再多說一點。」

如果對方還邊聽邊點頭，並不斷發出「嗯」、「嗯」的附和聲，更會受到很大的鼓勵，對自己產生更大的信心，話題會源源不斷地湧出，思路也會變得清晰。

但是，許多人在與他人交談時卻常忽視了「聽」的重要，他們不顧別人說些什麼，或是匆匆忙忙地打斷別人談話，或是心不在焉地聽別人談話，或是斷章取義地對待別人的發言。

善於傾聽會在談話中無形發揮了褒獎對方的作用，是建立良好人際關係、開展良好談話氣氛的重要辦法。若能耐心聽對方傾訴，這等於告訴對方：「我對你說的東西很感興趣。」無形中，使說話者的自尊得到了滿足。

此時，彼此心靈間的交流會使雙方的感情距離縮短。

●聲音大小適度，語速適中

與人談話時，說話音量的大小與說話速度，是管理者必定要注意的問題。

說話音色的高低清濁不同，是一個人與生俱來的特點，很難控制或改變。不過在談話中，音色的好壞只是次要問題，並不是決定一個人說話清楚與否的關鍵。

談話時，更重要的是：

•要注意自己說話的速度是否太快？

許多人說話如連珠炮般，若是說話快但清楚還無妨，若是說話快又不清楚，讓人聽了之後不知所云，就失去說話的功用。因此，應訓練自己說話時聲音要清楚，說話速度快慢適中。

•說話聲音是否過大？

在吵雜的公共場所中演說，提高音量是逼不得已的選擇，但在正常情況下，得保持適中的音量。除非對方聽力不佳，否則說話時要記住對方不是聾子，沒有必要大聲嚷嚷。

當然，在談到重點時，可提高音量以吸引對方的注意力，但音量仍要控制得當。說話富有抑揚頓挫，是調節說話聲音大小強弱的最佳做法。

若希望自己的談話如同音樂一般動聽，不可忘記在速度應快時要快，音量應高時要高。毫無抑揚頓挫與節奏變化的談話，最易使聽者疲倦，得避免犯這項錯誤。

事前多努力，臨場少問題

只需在生活中搜尋那些有趣、有意義的生活經驗，然後彙集由這些經驗提煉出來的想法，就能組成一篇良好並且吸引人的演講內容。

數年前，紐約扶輪社舉辦過一場午餐會。該場餐會上的主講人是一位聲名顯赫的政府官員，場上聽眾們都拭目以待，期望聽他述說一下部裡的工作情形。

可是當他一站上講台，聽眾就立刻發現他事前並未做準備。起先，他本想隨意做一番即席演說，結果卻辦不到。於是，他又匆匆忙忙地從口袋裡掏出一疊筆記，但是那些便條紙卻顯得相當雜亂無章。他手忙腳亂地在這些東西中亂翻了一陣，說話時顯得靦腆又笨拙。

只見時間一分一秒地過去了，他也變得更加無助慌亂。到了這個地步，他仍繼續掙扎著，還一邊說些道歉的話語。他寄望從筆記中理出一點頭緒，同時用顫抖的手舉起一杯水湊到焦乾的唇邊，台下所有聽眾都可以清楚看到，他已經完全被恐懼擊倒。結果，因爲他對此次演說沒有事先做好準備，最後只得無可奈何地退場。

餐會上這名主講人的表現，正是失敗和丟臉的演說。他發表演說的方式正像盧梭所說的：「他始於不知所云，止於不知所云。」

美國成人教育家、演說學大師戴爾．卡內基指出：「只有那些有備而來的演說者才能獲得自信。」

未做準備就上台演說，彷彿帶著破爛的武器上戰場。但是試想，當一個人上戰場時，如果他帶著故障的武器，槍中沒有一點彈藥，又怎能向敵方發起猛攻呢？

美國總統林肯曾說：「我要是無話可說時，就是經驗再豐富、再老到，也無法免於難為情的處境。」

丹尼爾．韋伯斯特曾說：「若是未經準備就出現在聽眾面前，就像是自己未穿衣服就跑在大街上一樣。」

連這些大人物在上台之前，也得經過一番準備，當然遑論其他人了。

那麼，在演說之前該怎麼準備？臨場的時候又應該如何充分發揮呢？

●不要逐字逐句地記憶演說內容

「充分的準備」不等於記誦演說稿，以免在面對聽眾時，腦中頓時一片空白，使自己一頭栽進背誦講稿內容的陷阱裡。一旦養成這種習慣，就會無可救藥地做一些浪費時間的準備方式，這必會毀掉一場演說。

美國資深新聞評論家H．V．卡騰波恩在總結他從事新聞事業取得成功的秘訣時，他說他只是做些筆記，然後自然地對聽眾說話，絕不背稿。

寫出講稿並努力背誦，這種方式不但浪費時間、精力，而且容易招致失敗。畢竟人們平常說話都是出於自然，絕不會挖空心思，細想每個詞語、每句話該怎麼說。

應該隨時都在思考，等到思路清晰順暢時，自然會像呼吸空氣一樣，不知不覺地順利說出腦中的想法。

溫斯頓．丘吉爾也非常贊同這種說法。

年輕時，丘吉爾演講前必會寫講稿、背講稿，但有一天，當他在英國國會上背誦著講稿時，思路突然中斷，腦海裡一片空白。當時他尷尬極了，也感到非常羞恥，即使他把上一句重背一遍，可是腦子裡依舊空白。他的臉色立即大變，直冒冷汗，最後只得頹然下台。從那次以後，丘吉爾再也不背講稿了。

儘管你可以逐字背誦講稿，但是一旦面對聽衆時，很可能迅速遺忘講稿內容。即使沒忘掉，從口中吐出那些講稿內容恐怕也十分機械化，因爲它不是發自人內心的想法，只是出於記憶而已。

當我們私下與人交談時，總是一心想著要說的事，然後就自然、直接地說出想法，從不會特別留心每一個詞句。既然我們平時一直都這麼做，上台演說時又爲什麼要改變做法呢？

如果非要寫講稿、背講稿，很可能只會重蹈失敗者的覆轍。

●預先將自己的思路彙集整理

準備演講有沒有秘訣呢？

當然有，而且並不複雜深奧，只需在生活中搜尋那些有趣、有意義的生活經驗，然後彙集由這些經驗提煉出來的想法、概念、感悟等等，就能組成一篇良好並且吸引人的演講內容。

一名演講者眞正要做的準備，就是對演講題目加以深思，並就講題搭配適合的生活經驗與感悟。

●在朋友面前事先模擬練習

當準備演講內容準備得差不多後，可以事先在朋友面前練習一下，把演講的主題用來和朋友及同事進行日常談話。

不必搬出全套內容，只須在午餐桌前傾身對朋友說：「小李，你知道嗎？我前幾天遭遇了一件不平凡的事！」小李可能很願意聽聽這個故事。

仔細觀察對方的反應、聽對方的迴響，就能得知自己這場「演講」是否成功。而且他說不定會有什麼有趣的主意或回應，甚至能爲自己原本的演講內容增色不少。

用「借景」技巧使演說更好

演說者若能善用「借景」技巧，就能化不利為有利，既使台下聽眾更專注，也使自己的演說內容更加深入人心，引起共鳴與迴響。

看到高山，就想起樹木；看見河水，就想起漁船；看見媽媽，就想起童年時光。這種觸景生情的人生體驗，常使人們不由自主地激起了太多情感，這點正是一名演說者應該善加利用的特點。

「借景」原本是園林藝術中的一個術語，意思是指在園林建造中用「開窗設門」或「緣地抱勢」的手法，使園內的人透過雕窗畫門能看到園外的景色，而且在感覺上外景與內景間似隔非隔，甚至渾然一體，這就如同將園外的景色巧妙「納入」園內一般。頤和園遠借玉泉山塔，創造了深廣的空間，就是深諳「借景」奧妙的傑作。

至於演說藝術在本質上就是一種展現內在功力的藝術，只有腹中藏繡，才能口吐華章。然而，演說又是在特定情境下，演說者與聽衆間情感上的互相感染，思想上的的相互交流。

在演講中，情境本身是靜止的，但機智的演說者總能巧借情境，化靜爲動、化死爲活，讓情境助自己一臂之力，使演說內容更具渲染力。

聰明的演說者往往深得「借景」之三味，能恰到好處地使情境爲己所用，爲自己的演說添光增彩。

一九七八年三月，粉碎「四人幫」後的第二個春天，中國科學大會在北京召開，大會由郭沫若主持。

當時，郭沫若祝辭的開頭是：「春分剛剛過去，清明即將到來。『日出江花紅勝火，春來江水綠如藍』，這是革命的春天，這是人民的春天，這是科學的春天！」

這段話表面上說的是自然節氣的變化，過了春分就是清明，實際上卻是暗中喻指當時的政治氣候。粉碎了「四人幫」，經過撥亂反正之後，一個安定團結的「清明」盛世已經到來。

另外，連續三句「這是××的春天」，既指明科學大會召開的時間恰逢大好春光，又預示未來科學發展欣欣向榮的「明媚」前景。

一九五七年，中國總理周恩來訪問尼泊爾時，在該國首府加德滿都市民歡迎會上發表演說。

演說一開頭就提到喜馬拉雅山，「當站在這個廣場上，同千千萬萬的尼泊爾人民在一起時，過去時代的珍貴回憶又湧現在我眼前。雖然我們兩國之間橫隔著世界上最險峻的喜馬拉雅山，但我們的人民卻自古以來就保持著友好的往來……」這是用喜馬拉雅山的自然阻隔，反襯尼泊爾與中國兩國人民之間深厚的友誼。

在這場演說的結尾，周恩來又一次提到喜馬拉雅山，用它連結兩國邦交：「在我結束演說的時候，我祝中國和尼泊爾兩國間的友誼，就像聯結著我們兩國的喜馬拉雅山那樣巍峨永存！」

在這段話裡，喜馬拉雅山的巍峨高大、不可撼動，使它又成爲友誼長存、牢不可破的象徵。

同一座山，在演說的開頭和結尾被賦予了不同的主觀色彩，就能帶給聽衆不同的感受。

在演說之中，許多高明的演說者常借天說地、借古說今，這種做法更容易激起聽衆的情緒與感慨。

在某次會議上，大會主席按例向與會所有人發表演說。

當他講到「這場會議十分成功」時，正好雲中的月亮露了出來。於是他即景生情，借題發揮道：「朋友們，你們看，月亮升起，黑暗過去，光明在望了。但是烏雲還等在月亮旁邊，隨時會把月亮遮住！」

在這段話中，演說者巧借天象，暗喻雖然黑暗最終是擋不住光明的，但是，在光明到來之前，大家仍不能掉以輕心，必須時時警惕「烏雲」。只有徹底掃除了烏雲，才能永遠享有光明。

為紀念魯迅誕生一百週年，某校舉辦了一場學術研討會，當時天氣很冷，寒風從窗口吹進禮堂，使聽眾們無法安靜下來專心聽演講。

台上的演講者見狀，便靈機一動，臨時設計了這樣一個開場白，「魯迅先生生前曾經號召：『願青年們都擺脫冷氣，只是向上走……』今天，我們先要擺脫會場上的冷氣，才無愧於魯迅先生的殷切期望。」

這幾句話一出口，立即贏得台下聽眾熱烈的掌聲。

在這段開場白裡，演說者運用當時的氣候條件，化不利因素爲有利因素，既控制了場面，又一語雙關地點出，在擺脫寒風刺骨的自然冷氣時，更要擺脫對紀念活動的冷漠態度。

演說者若能善用「借景」技巧，就能化客觀環境的不利因素，爲激起台下聽眾激昂情緒的有利因素。如此，既能使台下聽眾更專注聽講，也使得自己的演說內容更加深入人心，引起共鳴與迴響。

抓住群眾心理，演說就會順利

即便演說者口才不佳，但若演說內容感人又能引起共鳴，這場演說就是成功的，演說者拙於言詞的特點，反倒使演說內容顯得真實可信。

即便演說者口若懸河，若演說內容空洞，無法抓住聽衆的心，這場演說就是失敗的，華麗的言詞反倒只會襯托出演說內容的不誠懇。

在日本某場地方選戰中，佐藤和井田兩人分別為大島和青木發表助選演說，爭取選票。

佐藤在該鎮上很有名氣，言辭流利、口若懸河。在一片熱烈的掌聲中，佐藤舉步上台，微笑著向群眾致意，「各位鄉親、父老、兄弟、姊妹們！民主政治的命運正操縱在諸位手上。」

「現在已至選舉活動尾聲，正是幾位候選人最猛烈攻訐對方的時候，也是候選人最容易遭受謠言困擾的時候。所以此時此地，我們更應該認清事實，好將手中最寶貴的一票投給最值得信任的候選人，讓他為大家帶來幸福的未來。」

「論人品、學識、熱忱和行動力，大島都是公認的一流人才，他值得信賴的地方就不需我多費唇舌了。但是，大島正處於孤立無援的苦戰中，但願諸位把你手中的一票賜給大島先生。」

當佐藤結束演說後，換井田上台拉票，他有些口吃地說：「大家好，我是井田畜牧場的負責人，也是青木三郎的助選代表。」

「青木先生熱愛本鎮，長久以來都非常關心鎮民。前些天下暴雨的時候，他一大早起床，就穿上雨鞋帶著鏟子，到低窪的地方巡視。當時我正在屋外裝貨，很碰巧地看見他在大雨中奔波的身影。」

「這情景讓我想起這幾年間，青木先生持續幫助養老院的事。早在六年以前，青木先生就開始照顧養老院中的老人，每逢節慶假日都會送些水果給院中那些孤苦無依的老人，並且盡力為老人們排除生活上的困難。從這點可以看出，他是一個非常有愛心和熱心的人。」

「我認為我們需要真正為本鎮盡心盡力的鎮長。青木三郎先生就是這樣肯貢獻自己力量以改善本鎮的最佳人選。」

在這場助選演說中，雖然佐藤的演說內容流暢，詞藻華麗又豐富，但全場聽衆卻更傾向於井田，並給他最熱烈的掌聲。因爲鎭民們認爲，井田結結巴巴的話語反而使他的演說內容更具說服力和感召力。

井田的演說何以成功？關鍵就在於他抓住聽衆的心理，以具體的實例證明青木是個有愛心、有責任心、能幹的人。

即使演說者口才不佳，但若演說內容感人又能引起台下聽衆共鳴，這場演說就是成功的，演說者拙於言詞的特點，反倒使演說內容顯得眞實可信。

善用手勢，增添演說氣勢

演說者的手勢是內在情感的自然表露，不應是生硬的做作動作。手勢是為了幫助演說者表達情意，如果達不到這個目的，純屬畫蛇添足。

手勢是演說者在演說時常用的手部動作。

手勢的運用是否恰當，會直接或間接地給予演說效果不同的影響。若是手勢用得好，能使演說內容更加震撼人心。

透過記錄片，我們可以看到列寧當眾演說的雄姿，配合著鏗鏘有力的語調與恰當的各種手勢，使他的演說內容更具渲染力。

列寧有個手勢是當他演說時，身體略向前傾，頭有些微仰，雙目眺望遠方，右手掌果斷有力地推擊出去。

他在一瞬間完成這個手勢，展現出堅定必勝的信念和一往無前的決心，使台下群衆受到強烈鼓舞，決心沿著他指引的方向勇往直前。

由列寧的例子，可以明白手勢在演說中的影響力與重要性，因而領導者在發表演說時，必須善用手勢強化演說內容。

但要善用手勢，首先需瞭解並掌握各種手勢的基本含義：

・仰手式

即掌心向上，拇指張開，其餘幾指微曲。手部抬高表示歡欣、讚美、祈求，手部放平表示誠懇地徵求聽衆意見，博取支持，手部放低則表示無可奈何。

・覆手式

即掌心向下，手指狀態同仰手式，這是審慎的提醒手勢。若演說者有必要抑制聽衆的情緒，進而達到控制場面的目的，就可採用覆手式。這動作同時也能表示否認、反對等意思。

• 切手式

即手掌挺直全部展開，手指併攏，像一把斧頭般猛然劈下，這手勢表現演說者堅決果斷的態度，並有快刀斬亂麻的意思。

• 啄手式

即手指併攏呈簸箕形，指尖朝向聽衆。這種手勢具有強烈針對性、指示性，但也容易造成挑釁、威脅，所以必須看對象謹慎使用。

• 剪手式

這是切手式的一種變化型，即掌心向下，然後同時向左右分開。這種手勢表示強烈的拒絕、不容置疑，演說者也可以用這種手勢排除自己話題中提及的枝節。

• 伸指式

單伸食指表示專門指某人、某事，或爲了引起聽衆注意；單伸拇指表示自豪或稱讚，數指並伸表示數量或對比等。

・包手式

即五個指尖相觸，指尖向上，就像一個收緊開口的錢包。這種手勢一般是爲了強調主題和重要觀點，可在遇到具有探討性的問題時使用。

・推手式

即指尖向上、併攏，掌心向外推出。這種手勢常表示排除衆議、一往無前，顯示演說者堅決的態度和強大的力量。

・撫身式

即用手撫摸自己身體的一部分。雙手自撫表示深思、謙遜、誠懇，以手撫胸表示反躬自問，以手撫頭，表示懊惱、回憶等。

• 握拳式

即五指收攏，緊握拳頭。這種手勢有時含有示威、報復的意思；有時表示激動的情感、堅決的態度或是必定要實現的願望。

演說者的手勢是內在情感的自然表露，不應是生硬的做作動作。手勢是爲了幫助演說者表達情意，如果達不到這個目的，純屬畫蛇添足。

手勢是幫助演說者將內在想法、情感具體表露，所以在運用時，不用拘泥格式，只要自然得體即可。但切忌不可把手插在口袋裡，這動作顯得對聽衆相當不尊重，自己也好像被捆住一樣。

領導者只要掌握運用手勢演說的要領，再經過長久的練習與實踐，一定能善用手勢爲自己的演說內容增添效果與影響力，使演說更加深入人心。

11

掌握洽談要訣，才能避免失敗

在電話洽談中，應儘量避免不愉快的話題，也不可故弄玄虛地賣弄知識或是高談闊論，這些行為只會引起對方反感。

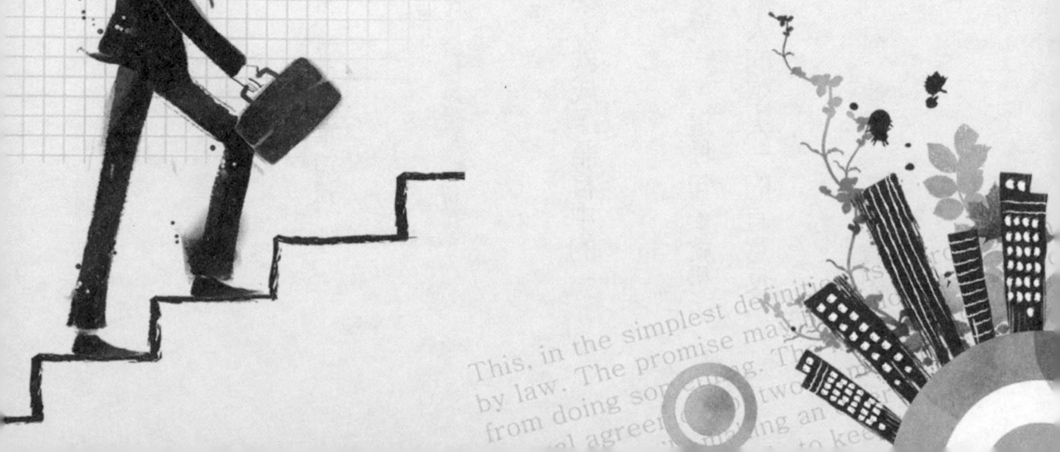

內容反覆只會令人厭惡

要克服重複囉唆的毛病，演說者就要牢牢把握主題、理清思緒，並且注意加強口語表達技巧的訓練，養成說話精練、簡潔的良好習慣。

反覆是一種積極的修辭，能達到強調的目的。但反覆過多，就成了語言中的一大毛病，是思想跟不上嘴巴的一種拖延。

比如「我說啊，我說啊」、「我的意思是說、我的意思是說」，這種句子就是無效的重複。與那種「前進，冒著敵人的炮火！前進，冒著敵人的炮火」的有意反覆不同。

後者有積極修辭的意義，前者則無實際意義，沒有提供對方（聽眾）任何資訊或鼓舞力量。

例如，有的領導人演說時，不斷重複「哼」、「啊」之類的無意義語氣詞，於是話語變成：「今天嘛，我們要開個大會。啊！要說的呢，嗯，只有三點。」這種語氣詞重複切斷了詞句的連貫性，造成不良的效果。

還有些人老是板著面孔，用訓人的腔調發表演說，而且內容老掉牙又不斷重複。這種「輪番轟炸」的囉唆演說，使聽衆無不蹙額鎖眉，更使全場陷入一種極爲難堪的沉悶情境。

而言，演說中內容重複囉唆的情況又分爲四種：

・多次再現

這主要是指在一句或幾句話中，某一部分內容或詞語重複出現。

例如，某位政治人物在一次報告中說：「我們要徹底肅清輕視婦女的思想，同時也要徹底肅清看不起婦女的思想。」

這兩句話實際上是同個意思，但由於這名政治人物說不清「輕視」與「看不起」

有什麼不同，所以也不知道話中出現重複囉唆的情況。

• 多此一舉

這點是指在話語中，多說了那些不言自明的意思。

例如，一位員警在對上級報告時說：「當時我實在忍不住了，用手緊緊地握成拳，往歹徒的臉大力打過去……」顯然，這句話中的「用手」是贅詞，因為大家都知道握拳得用手。

• 畫蛇添足

這點是指因為重複囉唆，使話語的意思不明確、不準確，甚至不正確。

例如，一位老師在家長會上致辭時說：「各位家長們，今天把大家請來舉辦這個家長會，目的是……」

這段話中的「各位」與「們」意思就重複，前面有「各位」，後面就沒有理由再加上「們」字。

• 東拉西扯

這點是指說話者在講一件事時提及另一件事，於是就轉而談起另一件事，結果使內容囉哩囉唆，越來越離題。

內容重複又囉唆的演說無疑會令聽衆相當反感，所以演說者必得克服這一點。那該如何克服這種毛病呢？

首先，要找到導致重複囉唆毛病的「病源」。

這「病源」可能是多方面的，有些人思想貧乏，見識知識不足，因爲沒有東西可說，所以只得把自己有限的所知內容反覆搬弄。

有些人是因爲語彙貧乏，所以只能重複使用那些舊詞表達。有些人是因爲思緒混亂，導致前面已經說過的東西，後面又一遍一遍地重複。還有些人是由於低估了聽衆的理解力，生怕聽衆聽不懂，於是就反覆交代、解說、強調。

其次，要克服重複囉唆的毛病，演說者就要牢牢把握主題、理清思緒，並且注意加強口語表達技巧的訓練，養成說話精練、簡潔的良好習慣。

　　爲了避免演說內容囉唆，演說者還應避免講客套話。演說者說些毫無意義的客套話不僅浪費時間，而且影響演說氣勢。對比氣勢強、節奏快的演說，那種「嗯，講得不太好啊，還請大家多包涵」之類陳腐的客套話，確實令人反感，也讓人不想專心聽演說內容。

電話言語是衡量個人修養的尺標

用電話通話時，由於只靠聲音溝通，看不到對方的表情與手勢，所以彼此很容易產生誤會，也因為這樣，溝通技巧就顯得更加重要。

使用電話談話時，必須完全依靠聲音傳達意思，因此要想讓客戶或部屬在電話中對自己留下良好的印象，就一定要把握說話的技巧。

首先，講電話時音量要適中。電話是對著一個人的耳朵講話，不是對整個禮堂說話，因此，用適當的音量講話即可，不必大聲嚷嚷，但聲音一定要清晰、有力。

接過話筒後，一個打招呼的「喂」字，就能傳遞出很多資訊，它能說明說話者的心情，若是聲音隨意、輕鬆，說明他正處於空閒狀態。

同時，如果說話時帶著微笑，電話也會傳遞出微笑。電話聲音能顯露說話者的表情與態度，若說話態度越友善，聲音聽起來就越親切。

打電話前，要先整理好思緒，這樣可以使談話內容更加精練，並且能給人井然有序的印象。

通電話時，由於沒有身體及手勢的輔助，要確定得到的資訊是否正確將完全靠聽力。爲了避免一知半解、遺漏資訊，聽電話之前要先準備筆和筆記本，以便隨時記錄要點。聽的時候不光要聽對方說，還要注意他的說法，從對方的聲音中也可以獲取許多資訊。

會議正在進行時有電話打來，接電話的人常會不注意地說：「他正在開會，請你待會兒再打。」接著不等對方回話，就掛斷電話。

對方滿懷信心或焦急地打電話來，卻遭到如此冷落，肯定難以忍受。輕則會對公司留下壞印象，重則可能從此斷絕往來。

當客戶打電話進來時，應該回答說：「對不起，他正在開會，我可以替您轉達嗎？」或是說：「您有什麼事嗎？可不可以直接對我說？」

儘管很有禮貌地回應客戶，但對方由於未能與要找的人直接通電話，總是不大放心，這時應主動報上自己的職稱，以示負責轉達的心意。如此，對方必會留下服務態度良好的印象。

此外，如接電話的人忘了轉達主管人員必須回電的電話，讓客戶等了很久，卻始終沒有接到回電，只好再打一次。這次，若碰巧是主管親自接的，應當立即道歉說：「眞是對不起！是秘書疏忽了，竟然忘了告訴我！」再加上幾句：「希望您能常打電話指教，我眞心歡迎您的指教！」諸如此類的話，解釋清楚未回電話的原因，客戶一定會諒解。

通電話雖然是件簡單的事，但其實它大有學問。

若是把握住講電話的溝通技巧，就能讓對方在電話中就對自己留下好印象，奠下往後良好關係的基礎。

一般而言，通電話時要注意如下三點：

・打電話時，要用聲調表達出友誼的微笑。因為對方不能從電話中看見笑容，所以聲調要負起全部的社交責任。聲調應充滿笑意，比平常高興時有更多的笑意，注意把友好與真誠的情感灌入聲音裡。

・通電話時，要有適當的節奏與速度，太輕或太重都會使對方聽不清楚。而且，聲音透過電話後會產生改變，即便是現在最好的電話，也無法把說話者的「原音」傳給對方。因此，在電話中談話時，不能完全根據平時說話的習慣談話。

・通電話時，咬字要清楚，發話人不要忘記向傳話人表示謝意。如果在電話中的聲調非常愉快悅耳、咬字清晰，那才算是充分利用了電話這種傳話機械。

總之，用電話通話時，由於只靠聲音溝通，看不到對方的表情與手勢，所以彼此很容易產生誤會，也因爲這樣，溝通技巧就顯得更加重要。

同時，不可因對方看不到自己，就態度輕慢隨便，因爲這種態度會隨聲音洩漏出去，讓對方留下不好的印象。

如今，電話已經變成一種不可或缺的溝通工具，接聽電話與打電話更是日常會話的重要內容之一。一家公司職員們講電話的方法與態度，也會直接影響對方對公司的印象。

所以，接聽電話時，一定得把握下列幾項原則：

- 一般如果是在家中接到電話，會說：「喂，你好！」如果是在公司裡，應該說：「你好，這裡是××公司。」如果是從公司總機轉接過來的電話，則應該說：「這裡是××部。」
- 當對方指定某人聽電話時，必須說聲：「請稍候片刻。」然後把電話交給對方指定的人。如果對方是公司的老客戶，則不妨先說一聲：「謝謝您平時的照顧。」然後再轉接電話。
- 有時對方指名的人剛好不在座位上，此時，不應該只回答「不在」就把電話掛斷，應該儘快去找被指名的人。這時，不妨對他說：「×先生不在座位上，我現在就去找他，請稍等片刻。」
- 有時，被指定聽電話的人碰巧外出，此時可以回答：「×先生碰巧外出，是否可以請別人代聽？」然後依對方的反應做處理。

• 如果知道被指定聽電話的人將於幾點鐘回來，可以說：「×先生將於下午三點鐘回來。到時，是否可以請他再打電話給您？」若對方同意這樣做，則可以說：「可以麻煩您留個電話嗎？」

• 或者：「請問有什麼事嗎？×先生回來後，我可以代您轉告他。」如果對方有交代什麼事情，最好用紙筆記錄下來，以免遺漏。

電話中仍要保持禮貌態度

通電話時，由於看不見對方的面部表情，須特別注意聲音上的表達。倘若感到不耐煩，對方照樣能從聲音中感應說話者敷衍了事的態度。

面對面交談與電話交談，聽者注意的重點截然不同。

以前者而言，縱然說話內容失禮，也可以用表情彌補。只要談話氣氛和諧，大致不會發生問題。但是，電話交談則不然，往往會由於一句無心的話語得罪對方或招致誤解。

這時，無論以任何表情表示歉意，也無法消除對方的怒氣，因爲對方看不見說話者當時的表情。

當工作正忙碌時接到客戶的電話，對方卻只是閒話家常，而且越談越起勁。這時候，雖然你想馬上結束談話，但又擔心得罪人，只好勉爲其難地應付對方。但隨著心情越來越焦急、煩躁，語氣就會從原本恭恭敬敬的「是」變爲「嗯」、「喔」。漸漸的，對方會察覺聽話者的態度不恭，因而逐漸感到不滿，但其實對方根本不瞭解實情。

因此，碰到這種情形時，不妨主動說明事實，以委婉的語氣結束交談。

此外，由於電話交談純粹是用語言溝通，應避免敷衍了事。若是沉默時間太久，必然引起對方誤解，以爲你沒有專心聽。所以必須趁對方說話告一段落時，插上一句「不錯」或「是啊」，促成談話順利進行。

通電話時，由於看不見對方的面部表情，因此須特別注意聲音上的表達，因爲聲音一定會反應表情。倘若心中感到不耐煩，對方照樣能從聲音中感應出說話者敷衍了事的態度。

通電話時，以讓對方感到受尊重最爲重要。爲此，必須學習電話禮節，培養恭敬的應答態度。

有時，會見到一些管理者一手握著電話聽筒，一手按著電腦鍵盤，或一面喝茶、抽煙，一面接電話，這些行爲均需避免。雖然電話交談時，彼此都看不見對方，但仍需保持基本的禮貌。

面對錯誤電話，不可敷衍了事

認真負責的態度，一定會使客戶對公司與接電話者留下好印象，認為這是間辦事認真負責、值得信賴的公司，不會有被置之不理的感覺。

打電話時，難免碰到打錯電話的情況，有時候是打錯了公司或找錯了人，有時候則是對方打錯了電話。

不論是打錯電話或接到打錯的電話，都是日常生活中常碰到的事情，那麼，該如何處理這些錯誤電話呢？

一般打錯電話有兩種情況，一種是打電話者的失誤、粗心或是其他原因造成他打錯電話；另一種則是轉接時的失誤，這在透過總機接轉電話的場合中很容易發生。

此外，客戶由於疏忽大意或說話口音太重、口齒不清等原因，都可能會造成撥打電話上的錯誤。

例如，王先生與客戶約好在一家咖啡廳見面，因爲這家咖啡廳頗有名氣，所以客戶在電話中指定地點時，心想王先生一定明白自己的意思。可是，王先生到了附近的車站後，才發現自己找不到那家咖啡廳。

另一方面，客戶正在那家咖啡廳等王先生，可是左等右等，王先生始終未出現，這名客戶爲愼重起見，打了通電話至王先生的辦公室，但同事回答他早就出發拜訪客戶了。

結果，那天雙方不見而散，白白浪費了兩人的時間。

在電話中，這類錯誤經常出現。所以，對於對方所說的事情不太確定，最好還是耐心地再詢問一遍，確認自己十分明瞭談話內容之後，再掛斷電話，不要怕再次確認會讓對方感到不耐煩。

如果由於聽錯電話內容而錯過見面的機會，讓客戶在約定地點空等，不是使對方更加不耐煩嗎？

有時，總機由於疏忽大意或不熟悉而接錯電話，把要轉接業務部的電話接到了人事部。身爲人事部門的職員，接到這種電話該如何處理呢？

此時，千萬不能說：「不好意思，你搞錯部門了，我們不負責這方面的業務。請稍等一下，我幫你把電話轉給業務部。」

這個回答聽起來似乎很有禮貌，也很負責，其實不然，這種回答方法並不十分恰當。

首先，關於要詢問的業務與部門，對方一定已先向總機說過了，所以搞錯的本來就是接電話一方。但是，在上述回答中，口氣彷彿倒是客戶弄錯了，所以「幫」這一字用得不妥。

尤其在一些規模較大的公司或企業，內部人員衆多、業務繁雜，要非常精確明細地劃清業務界限和範圍並不容易，更容易發生總機轉錯電話的情況。

不過，即使明知不是屬於本部門的工作範圍，也不要以「我們不負責這類業務，你應該找××部門吧」的答覆搪塞對方，並且不管三七二十一，再隨意把電話轉至別的部門，這種處理辦法實在太不負責任。

要防止在電話中踢皮球的方法只有一個，即回答：「本部門不負責這類業務。請讓我查一查哪個部門該負責，再讓他們回電給您。請告訴我您的姓名和聯絡電話。」然後暫且先把電話掛斷，並一定負責處理此事。

此外，回答之時如果再加一句：「我是人事部門的×××。」必定能使對方更加放心。

如此認眞負責的態度，一定會使客戶對公司與接電話者留下好印象，認爲這是間辦事認眞負責、值得信賴的公司，不會有被置之不理的不良感覺。

多通電話，小心顧此失彼

與客戶通電話的過程中又有新電話進來時，絕不能顧此失彼，讓客戶感覺備受冷落。即便忙於某一通電話，也要抽空與另一方打聲招呼。

小梁正和甲公司的課長在電話中交涉延期交貨的事情時，另一個也是自己負責的乙公司主管同時打電話進來。

由於和甲公司交涉的事情十分重要，而且談話也快結束了，所以小梁就向接到電話的同事說：「請他等一會兒，馬上就好。」

不一會兒，小梁掛掉甲公司的電話，趕緊接起乙公司打來的電話，並禮貌地說：「喂，您好，承蒙照顧！」

但小梁打完招呼後，卻聽到對方不高興地應聲道：「你也真會折磨人啊！」

小梁心想：「我不是立刻就來接電話了嗎？」

但是，那位乙公司的課長突然說：「我也忙得很啊！本來想下一批新訂單給你，想一想，今天別談了。」說著好像就要掛斷電話。

這急得小梁不由得慌了手腳。明明不是故意讓對方等候，他爲什麼要生氣？而且面對這種情況，又該怎麼辦呢？

此時，必須考慮對方的心理，並且盡最大努力博取對方歡心。

不清楚對方身處何種狀況的時候，人往往會覺得焦躁不安。比如當父親呼叫兒子時，縱然兒子只是慢個一兩分鐘沒出來，也會焦急地叫：「快來啊！在那邊慢吞吞地幹什麼？」

打電話者的心理也是如此，只是稍微等個一兩分鐘，就覺得時間過得很漫長。再加上打電話的人身爲客戶，那種「以客爲尊」的意識也多少會影響他等待的心情。

況且，乙公司的課長還是爲了下一張新訂單才特地打電話過來，不耐煩的心情必定更加嚴重。

若是與客戶通電話的過程中又有新電話進來時，可採取下列措施：

- 請代接電話的人用最禮貌的言詞先道歉，再說：「請稍等。」
- 如果通話中的電話講太久，就應在中途先暫停，接另一通電話和對方說：「對不起，現在我手上有一通長途電話，請再等一會兒，我快談完了。」這樣對方會覺得安心許多。
- 請代接電話的人向對方轉達：「讓您久等真不好意思，如果方便的話，他等會兒再回電給您。」

總而言之，面對這類情況，絕不能顧此失彼，讓某一方客戶感覺備受冷落。即便忙於某一通重要電話，也要抽個空與另一方打聲招呼。這是在繁忙的工作中，維繫良好客戶關係的秘訣。

煩人代勞，勿忘「辛苦了」

雖然做人不需要太多禮，但是基本禮儀仍是必要的，這樣才能給對方留下好印象，更可使工作更加順利。

當透過話筒傳達一件極不重要、非常平常的事情時，若對方說：「辛苦了，眞是麻煩您！」聽到這些禮貌用語，心裡一定非常舒服暢快，覺得這只是舉手之勞，可是對方卻如此客氣，好像眞的非常感謝自己似的。

如果對象是上司，更會覺得非常快樂，彷彿一整日的工作辛勞都值得了。

許多公司在下班的時候，都會互道「辛苦了」，這不僅可增強員工對公司的向心力，同時也能使工作氣氛變得愉快和諧，好似公司是個大家庭，衆人一同奮鬥創造良好業績，今天努力奮鬥完了，明天再繼續努力。

還有些主管不只在下班時間互道「辛苦了」，也會對負責外勤工作的部屬以眞誠的語調說：「辛苦了。」

這對一整天在外奔波，頂著大太陽又被風吹雨淋的業務員而言，無疑是最好的鼓勵，聽到這句話之後，心裡必然會相當快樂，認爲就算在外辛苦一點也很値得。

另外，打電話給對方時，對方可能正在處理重要的事，無法離開而請別人代接電話。

此時，第一句話就要先致歉，表達因爲這通電話的打擾而使他中斷工作的歉意。這個舉動看似是件小事，卻是使人際關係融洽的重要步驟。

有些管理者，當工作分身乏術卻有電話打來時，常認爲要部屬代接一下是應該的，等忙完手上工作再去接電話時，也不會向代接電話的部屬致謝，還一副理所當然的模樣。

這樣的人往往認爲：「我沒空，部屬幫忙接一下是應該的！」沒有想到部屬也是放下手邊的工作才能接電話。

由於這項疏忽，未及時表達歉意與感激，就可能影響彼此間的關係，下次大概就沒人樂意做這種吃力不討好的事情了。

事實上，職場上的成功是建立在良好的人際關係上。雖然做人不需要太多禮，但是基本禮儀仍是必要的，這樣才能給對方留下好印象，更可使自己的工作更加順暢。

掌握洽談要訣，才能避免失敗

在電話洽談中，應儘量避免不愉快的話題，也不可故弄玄虛地賣弄知識或是高談闊論，這些行為只會引起對方反感。

用電話洽談商務可以節省時間，具有高效、省事、直接、迅速的特點，但電話洽談也有它的特殊性。

那麼，進行電話交談時，應該注意什麼呢？

• 很快切入談話的要點。

沒有人喜歡又長又囉嗦的電話，所以講電話之時，要迅速切入要點，說話別吞吞吐吐。開頭的自我介紹最好在十五到三十秒鐘內結束，然後說出打電話的目的。

- 簡短而生動地介紹商品或服務內容。

在談話中，僅強調最重要、最特別、最吸引人的特性和優點。

- 詳細解釋公司的產品或服務。

解釋產品爲什麼突出？爲什麼與衆不同？爲什麼比其他競爭者優秀？但注意不要貶低別家公司的商品或服務。

- 保持對談話的控制權。

談話時，不要被對方牽著鼻子走，弄得自己六神無主，甚至忘記爲什麼要打這通電話。講電話時，如果發生了什麼意外，要懂得隨機應變，甚至趕緊掛斷電話。對於對方所提的一些複雜問題，可以告訴他等到彼此見面時，再給他詳細的答覆，以免被難題考倒，進而喪失談話的主控權。

- 無論達成目標與否，都不要輕易放棄。

不論在電話中談論的結果如何，都要積極和對方約好下一次什麼時候再以電話商談。另外，除非事前有深入的瞭解與充分的準備，否則，不要倉促在任何一個問題上與對方達成協議。

- 不要迫使自己倉促做決定。

在電話中，不要因爲時間延長而逼迫自己倉促做出決定以結束通話。如果事後發現之前的決定有誤，不要猶豫，馬上打電話過去更正。

- 不要害怕重新談判任何一項重要問題。

若是通話結束再經過仔細考慮後，認爲雙方同意的交易方式對自己似乎非常不利，要有勇氣打電話給對方繼續交涉。

除了上述幾點之外，在電話洽談中，應儘量避免不愉快的話題，特別是敏感的政治話題、涉及個人隱私的話題、競爭者的壞話、公司及同行的壞話、毫無邊際的奉承話等話題，更要極力避免。

也不可故弄玄虛地賣弄知識或是高談闊論，這些行爲只會引起對方反感，必會導致這場電話中的商務洽談以失敗告終。

智謀經典

48

說話辦事恰到好處

作　　者　金澤南
社　　長　陳維都
藝術總監　黃聖文
編輯總監　王　凌
出 版 者　普天出版家族有限公司
新北市汐止區忠二街 6 巷 15 號
TEL / (02) 26435033 (代表號)
FAX / (02) 26486465
E-mail：asia.books@msa.hinet.net
http://www.popu.com.tw/
郵政劃撥 19091443 陳維都帳戶
總 經 銷　旭昇圖書有限公司
新北市中和區中山路二段 352 號 2F
TEL / (02) 22451480 (代表號)
FAX / (02) 22451479
E-mail：s1686688@ms31.hinet.net
法律顧問　西華律師事務所・黃憲男律師
電腦排版　巨新電腦排版有限公司
印製裝訂　久裕印刷事業有限公司
出 版 日　2021 (民 110) 年 10 月第 1 版
ISBN◉978-986-389-791-0　　條碼 9789863897910

國家圖書館出版品預行編目資料

說話辦事恰到好處 /
金澤南著.—第 1 版.—：新北市,普天出版
民 110.10 面；公分. - (智謀經典；48)
ISBN◉978-986-389-787-3 (平裝)

普天之下・盡是好書

普天出版家族
Popular Press Family

凌雲文創
A-Plus Creative Company